一本书读懂财务报表

许小恒 于洋 ◎ 著

中华工商联合出版社

图书在版编目（CIP）数据

　　一本书读懂财务报表 / 许小恒，于洋著. -- 北京：中华工商联合出版社，2022.6
　　ISBN 978-7-5158-3417-7

　　Ⅰ. ①一… Ⅱ. ①许… ②于… Ⅲ. ①会计报表－会计分析 Ⅳ. ① F231.5

　　中国版本图书馆CIP数据核字（2022）第068257号

一本书读懂财务报表

作　　　者：	许小恒　于洋
出 品 人：	李　梁
图 书 策 划：	蓝色畅想
责 任 编 辑：	吴建新　关山美
装 帧 设 计：	胡椒书衣
责 任 审 读：	付德华
责 任 印 制：	迈致红
出 版 发 行：	中华工商联合出版社有限责任公司
印　　　刷：	三河市宏盛印务有限公司
版　　　次：	2022年6月第1版
印　　　次：	2022年6月第1次印刷
开　　　本：	710mm×1000mm　1/16
字　　　数：	197千字
印　　　张：	14.5
书　　　号：	ISBN 978-7-5158-3417-7
定　　　价：	56.00元

服务热线：010-58301130-0（前台）

销售热线：010-58302977（网店部）
　　　　　010-58302166（门店部）
　　　　　010-58302837（馆配部、新媒体部）
　　　　　010-58302813（团购部）

地址邮编：北京市西城区西环广场A座
　　　　　19-20层, 100044
　　　　　http://www.chgscbs.cn

投稿热线：010-58302907（总编室）

投稿邮箱：1621239583@qq.com

工商联版图书
版权所有　盗版必究

凡本社图书出现印装质量问题，请与印务部联系。

联系电话：010-58302915

前　言

想要成为一名优秀的管理者，必须要懂得财务方面的知识，能够读懂财务报表，同时还能通过财务报表了解和掌握企业的财务状况以及经营问题，可以及时进行改进，优化资源的配置。

想要做出正确的投资和借贷决策，必须能读懂并且会分析财务报表，通过对企业财务数据的分析，评价和判断企业是否具有持续盈利的能力，是否能及时偿还各种到期债务，并给予股东出色的回报。

同样地，想要努力经营好企业，让企业健康长久地发展下去，也需要关注和了解财务报表，从复杂的信息中敏锐地把握关键、有价值的信息，掌握企业的经营效率以及发展能力。

无论是企业经营者、管理者、投资者、债权人还是普通员工，都需要懂得财务报表，要具备分析财务报表的能力。然而，在很多人看来，财务报表专业性太强、名词术语太多、会计理论方法烦琐，仅仅只是看懂就已经很困难，更别说分析和评价了。所以，很多经营者和管理者把阅读和分析财务报表的工作全部交给财务人员；投资者和债权人往往也忽视它的重要性；企业中层管理者以及普通员工，更是认为财务报表与自己无关，没有必要去了解和分析。

事实上，读懂和分析财务报表并没有大家想象得那么困难，只要了解资产负债表、利润表、现金流量表、所有者权益变动表、财务报表附注，掌握各报表中会计项目的概念、核算原则，分析企业的盈利能力、经营效率、偿债能力和发展能力，便可以轻松抓住财务的本质。

《一本书读懂财务报表》能够帮助读者由浅入深、循序渐进地掌握财务报表的相关知识，并且快速地掌握财务报表的阅读技巧和分析方法。同时，本书把专业知识通俗化，并且配以浅显易懂的阐述，再结合适当的事例，能让人们一看就懂、一学就会。

本书包括三大内容板块：一是解读资产负债表，可以清楚明白地看清自己的"家底"；二是把脉利润表，可以透视企业利润增长的玄机；三是观察现金的流入和流出，知晓现金对企业的重要性。同时，本书还重点阐述了财务报表的分析方法和分析技巧，总结了现实生活中常见的财务陷阱，目的是能够精准分析、预测和避免财务风险。

亲爱的读者，本书是专门为财务管理新入门的初级人员编制的，同时也是企业管理者、投资者以及财会人员的首选读物。如果想要轻松读懂财务报表，那么就与我们一起展开阅读之旅吧！

目 录

第一章　从财报看企业——直击数据背后的秘密 /1

01　一分钟，掌握关于财务的一些理论 /2

02　财务报表到底是什么 /8

03　三分钟，三张表，了解财务报表七要素 /12

04　财务报表：一张企业的"战略地图" /16

05　哪些人阅读和使用财务报表 /19

06　必看的财务指标——企业经营状况的"晴雨表" /23

第二章　解读资产负债表——剖开企业"截面"，诊断过去和现在 /29

01　读懂这张资产负债表，才能摸清"家底" /30

02　资产负债表的编制 /35

03　负债，代表了企业的信用能力 /37

04　资产也分流动和非流动 /42

05　资产和资本，不只一字之差 /47

06　长期负债到底有多"长" /51

07　所有者权益——"没人能动我的奶酪" /54

第三章　把脉利润表——掌握利润增长的核心 /59

01　不可不察的企业成绩单 /60
02　利润表的编制 /65
03　利润表中隐藏的企业盈利结构 /67
04　要收入，还是要利润 /72
05　营业收入怎么计算 /76
06　营业成本不减少，何谈增加利润 /78
07　必须看一看费用都花到哪里了 /81

第四章　探究现金流量表——不可小看"流入"与"流出" /87

01　看现金流量表，观企业"血液报告" /88
02　现金流量表的编制 /95
03　企业赚钱了，为什么反而没钱花 /98
04　现金的流入与流出 /102
05　现金流量活动的三大"主战场" /107
06　现金流量要注重数量，更要注重含金量 /112
07　从现金流量表看企业的财务效率 /116

第五章　读懂所有者权益变动表——跟踪股东权益的变化 /121

01　一分钟掌握自有资金的来龙去脉 /122
02　少数股东权益从哪里来 /125
03　阅读有重点，变动早知道 /128
04　资本公积应该如何核算 /133
05　盈余公积和留存收益增减需留意 /136

第六章 关注附注披露——发现报表背后隐藏的秘密 /139

- 01 附注信息，不可忽视 /140
- 02 正确理解财务报表附注 /144
- 03 附注也有局限性 /147
- 04 会计差错——账做错了，怎么办 /150
- 05 财务报表重要项目中的诸多"秘密" /154

第七章 学会分析财务报表——打好"组合拳" /161

- 01 财务报表分析方法知多少 /162
- 02 分析的对象要分明 /166
- 03 当好家，知家底——学会分析资产负债表 /170
- 04 有利润，就是赚到钱——学会分析利润表 /176
- 05 企业有钱、没钱怎么办——学会分析现金流量表 /181
- 06 分析合并财务报表——"大家庭"明算账 /186

第八章 辨别财务报表中的陷阱——找出隐藏的"炸弹" /191

- 01 慧眼识别，揭开虚假财务报表的面纱 /192
- 02 无良企业是如何编制虚假财务报表的 /198
- 03 看穿收入伪造的手段 /204
- 04 截留收入——个人赚，企业赔 /208
- 05 虚增利润——利润涨了，业绩却没涨 /212
- 06 费用推移——虚列的成本，转移的费用 /216
- 07 识别财务陷阱，只需五步 /220

第一章

从财报看企业
——直击数据背后的秘密

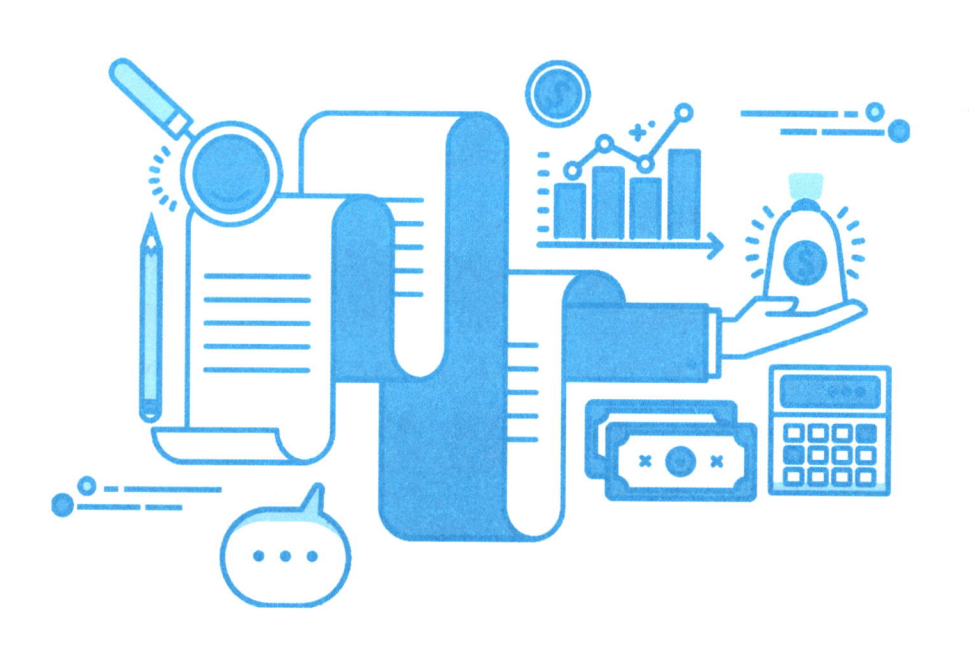

01 一分钟，掌握关于财务的一些理论

想要读懂财务报表，就需要懂得一些财务理论方面的概念和知识，比如，什么是会计？会计语言的载体是什么？会计报表的编制要求有哪些？这些知识是财务理论的基础，也是我们必须要了解的内容。也许读完第一遍后，我们只是对财务报表有了初步的认识和理解，不过没关系，只要肯用心，有耐心，多阅读几遍，多思考，一定可以达到更深层次的理解。

下面，我们来了解关于财务的基础理论。

一、什么是会计

很多人认为，会计的工作就是做账、管钱。其实，这是对会计的误解。

会计是通过收集、加工和利用以一定货币单位作为计量标准来表现的经济信息，对经济活动进行组织、控制、调节和指导的一种经济活动。它是经济管理中的重要组成部分。

会计语言主要由两组词汇构成：一是反映企业财务状况的会计语言；二是反映企业在一定时期内经营成果的会计语言。会计语言主要包括六项内容，被人们称为"会计六要素"，即资产、负债、所有者权益、收入、费用、利润。（如图1-1所示）其中，资产、负债和所有者权益反映企业的财务状况；收入、费用和利润反映企业的经营成果。

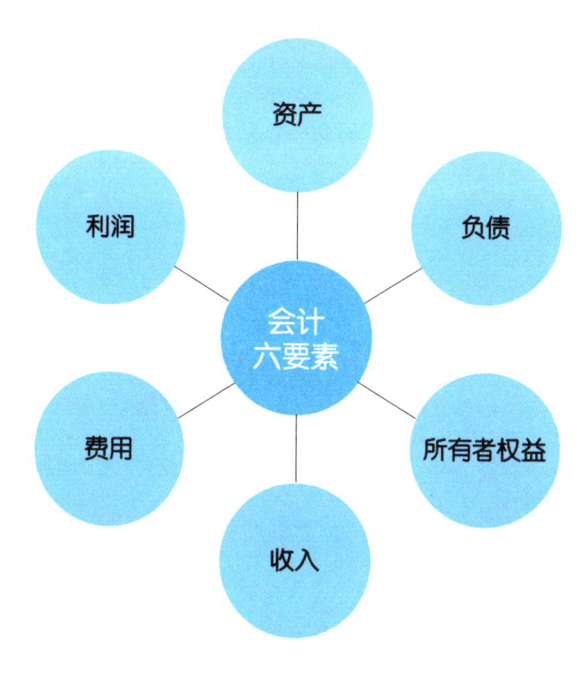

图1-1 会计六要素

会计的对象是其核算和监督的内容，具体是指社会再生产过程中以货币形式表现的经济活动，即资金运动或价值运动。

会计主要有三个方面的职能：其一，反映职能，即从数量方面反映企业的经济活动情况，通过一定的核算方法为经济管理提供数据资料；其二，监督职能，即利用会计资料和信息反馈对企业实际发生的经济活动的全过程进行控制和指导；其三，参与经济决策职能，即通过科学的预测帮助企业选择最佳解决方案，促使企业获得最大的经济效益。

二、会计语言的载体

我们平时在描述一件事物时，需要用载体来进行具体的说明。会计在描述经济活动时，也需要相应的载体。会计语言的载体主要包括会计凭证、会计账簿和会计报表。（如图1-2所示）

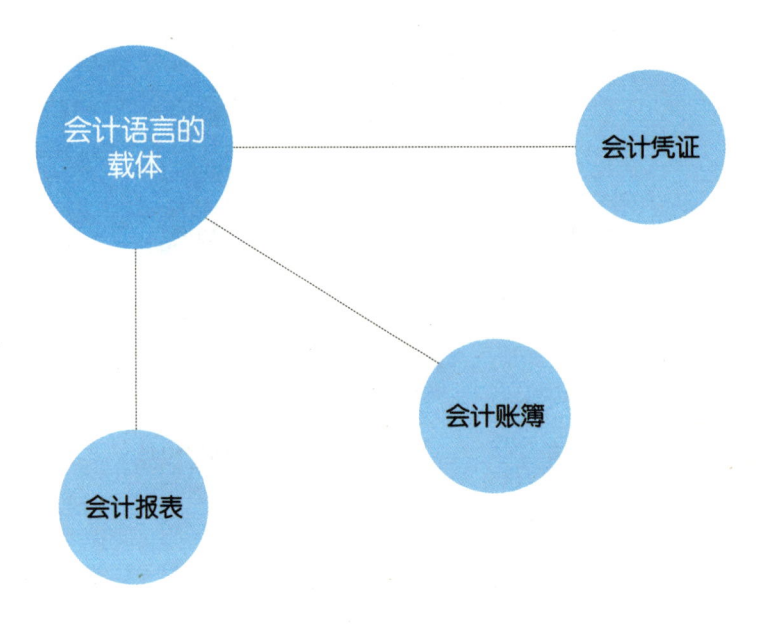

图 1-2　会计语言的三种载体

第一，会计凭证。

会计凭证是登记经济业务进行会计监督的重要依据，是记录经济活动、明确经济责任的书面证明。按照用途和填制程序可以分为两类：即原始凭证和记账凭证。

原始凭证，也叫作"单据"，是经济业务发生时由业务经办人员直接取得或者填制的，表明某项经济业务已经发生和完成的一种书面证明。它载明了经济业务的具体内容，明确了有关经济责任，具有法律效力。

原始凭证是重要的会计核算资料，是填制记账凭证或登记账簿的原始依据。在经济业务发生时，企业不仅要取得或填制原始凭证，还要及时将其送交本单位会计机构或专职会计人员手中。

记账凭证，也叫"传票"，是用来确定会计分录，用来作为登记账簿直接依据的会计凭证。会计人员审核原始凭证之后，要对其加以归类整理，然后编制成记账凭证。

在日常经营管理中，实际发生的经济业务比较繁杂，原始凭证也有很多不同之处，所记录的内容不能直接体现会计要素的方向。所以，会计人员需要将原始凭证进行归类、整理，然后填制记账凭证。在这个过程中，会计人员必须要保证审核无误，同时也要对原始凭证所记载的某项经济业务确定会计分录，明确其账户、方向和金额。

原始凭证和记账凭证的关系非常密切，前者是后者的重要附件和依据。

第二，会计账簿。

会计账簿是由具有一定格式、相互联系的若干账页组成的，用来全面、系统、序时、分类记录各项经济业务的簿籍。会计账簿是以会计凭证为依据。

因为不同企业对于经济业务和经营管理的要求不同，账簿可以分为不同的种类。具体可以分为三类。

（1）按照用途分类。

会计账簿根据用途可以分为序时账簿、分类账簿和备查账簿。

序时账簿，也叫作"日记账"，是按照会计部门收到凭证的先后顺序逐日进行登记的。主要有两种：其一，普通日记账，用来登记全部经济业务；其二，是特种日记账，用来登记某一类经济业务。

分类账簿，是对全部经济业务进行分类登记的账簿。按照反映指标的详细程度，可以分为总分类账簿和明细分类账簿。总分类账簿是根据一级会计科目设置的，反映全部经济业务和资金状况的账簿，简称"总账"。明细分类账簿是根据二级或明细分类科目设置的，详细记录某一类中某一种经济业务增减变化及结果的账簿，简称"明细账"。明细账是对总账的补充和具体化，并受总账的控制和统驭。

备查账簿，也叫作"辅助账簿"，是对某些不能在日记账和分类账中记录的经济事项或记录不全的经济业务进行补充登记的账簿。如租入固定资产备查簿、代销商品登记簿等。

（2）按照外形特征分类。

会计账簿根据外形特征的不同，可以分为订本式账簿、活页式账簿和卡片式账簿。

订本式账簿，又叫"订本账"，是在使用前把编有顺序号码的账页固定装订成册的账簿。

活页式账簿，是指在使用前和使用过程中把账页用账夹夹起来，随时增添、取出的一种账簿。

卡片式账簿，是利用具有账页格式的硬纸卡片进行登记的账簿。

（3）按照账页格式分类。

会计账簿根据账页格式的不同，可以分为三栏式账簿、多栏式账簿、数量金额式账簿和横线登记式账簿。

三栏式账簿在账页上设置"收入（或增加）""付出（或减少）"和"余额"三栏或"借方""贷方"和"余额"三栏，是只记录金额的账簿。

多栏式账簿在账页上设置多栏的账簿，比如制造费用明细账、管理费用明细账，也记录各明细的金额。

数量金额式账簿既记录金额又记录数量，即在账页上设置"收入""付出"和"余额"三栏，各栏内分设"数量""单价"和"金额"三栏。

横线登记式账簿在账页上设置"增加""减少"两大部分，在每一行上反映某一项经济业务的增减情况。

第三，会计报表。

会计报表是会计核算的最终产品，是包括企业全部会计信息的表格。会计报表综合地反映了企业或单位经济活动的过程和结果，报表使用者可以对企业或单位的经营情况有直接全面的了解。

这里的会计报表和财务报表不同，会计报表只是财务报表的核心内容，财务报表包括会计报表及其附注、其他应当在财务会计报告中披露的相关信息和资料。

三、财务报表的编制要求

财务报表的编制和报送是非常重要的，必须达到以下五项要求。（如图1-3所示）

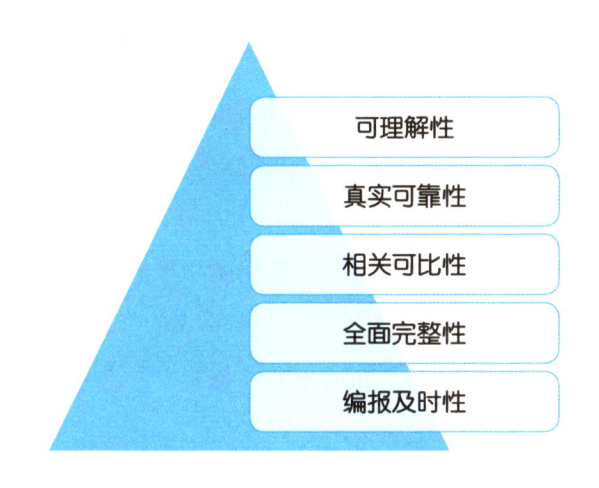

图 1-3　财务报表的编制要求

第一，可理解性。

财务报表提供的财务信息必须要让使用者、阅读者理解，努力做到清晰易懂。如果财务报表晦涩难懂，阅读者看不懂、无法理解，投资者、管理者就很难根据其反映出的信息做出正确的判断和决策，那么财务报表也就失去了意义。

第二，真实可靠性。

财务报表提供的财务信息必须真实可靠，不能存在错误信息，不能出现虚假信息，否则会误导阅读者，导致判断、决策的失误，给企业带来巨大的经济损失。

第三，相关可比性。

财务报表不仅要记录现在的信息，还要记录过去的信息，并且能让阅读者了解未来事项的信息以及发展趋势。财务报表提供的信息资料必须确保使用者了解过去、现在或对未来事项的影响及其变化趋势，这样才能让使用者做出正确的判断。

第四，全面完整性。

财务报表必须提供完整的会计信息资料，全面反映企业的财务状况和经营成果。为了保证信息的全面性和完整性，财务人员在编制财务报表时必须按照规定的格式和内容进行填列，按照国家规定的要求编报，避免发生漏编、漏报的情况。

第五，编报及时性。

财务信息具有时效性，财务报表的编制和报送也要具有时效性，不能推迟编制和报送的时间，否则会影响财务报表的可靠性。过时的财务信息，对于投资者、管理者来说是没有任何价值的，可能误导其判断。

02 财务报表到底是什么

财务报表是企业财务报告的核心，包括会计报表及附注，以及其他应当在财务会计报告中披露的相关信息和资料。其中的相关内容是相互补充、相互衔接的，构成了一个完整的反映企业财务状况、经营成果、现金流量等的指标体系。

会计报表是反映企业或单位一定时期内财务状况、经营成果以及现金流量的报告文件，是根据企业日常核算资料编制的最终产品。

那么，为什么要编制财务报表呢？

原因很简单。在日常会计核算中，企业的各项经济业务都按照会计程序，在有关的会计账簿中进行全面、连续、分类、汇总的记录和计算。但是这些会计记录数量太多了，不能集中、概括地反映企业的资金、利润和现金流量等状况。企业的投资者、管理者以及财政、税务等部门也不能直接根据这些分散的会计记录来分析企业的财务状况，更不能做出正确的决策。所以，定期按照一定的表格形式编制会计报表，为相关人员提供准确的会计信息是非常必要的，也是非常重要的。

一张完整的财务报表包括：资产负债表、利润表、现金流量表、所有者权益变动表以及财务报表附注。（如图1-4所示）

- 资产负债表
- 利润表
- 现金流量表
- 所有者权益变动表
- 财务报表附注

图1-4 一张完整的财务报表包含的内容

资产负债表反映了企业某一特定日期（通常为各会计期末）资产、负债以及所有者权益的状况。主要包括企业拥有或者控制的资源、财务结构、偿债能力、利润分配能力等。

利润表反映企业一定会计期间的经营成果。主要包括企业的收入、费用、获利能力、成本费用的高低等。

现金流量表反映企业一定会计期间现金和现金等价物的流入和流出情况。主要包括经营活动、投资活动及筹资活动资金的增减变动情况。

所有者权益变动表反映所有者权益总量的增减变动以及结构变动。主要包括所有者权益的利得和损失。

财务报表附注则是对于会计报表的补充和说明。主要包括：企业的基本情况、财务报表编制基础、遵循企业会计准则的声明、重要会计政策和会计估计、重要报表项目的说明等。

因为会计主体的性质不同，会计核算和具体内容以及经济管理的要求也有所不同，这也导致财务报表的分类有所不同。按照不同的分类标准，财务报表可以分为五类，如图1-5所示。

- 静态报表
- 动态报表

- 年度财务会计报告
- 半年度账务会计报告
- 季度财务会计报告
- 月度财务会计报告

- 内部报表
- 外部报表

- 个别会计报表
- 合并会计报表

- 单位会计报表
- 汇总会计报表

图1-5 财务报表的分类

第一，按照经济内容分类。

财务报表按照经济内容的不同，可以分为静态报表和动态报表。

静态报表反映企业某一特定日期资产、负债和所有者权益状况，如资产负债表。

动态报表反映企业一定时期的经营状况或现金流动状况，如利润表、现金流量表。

第二，按照编报时间分类。

财务报表按照编报时间的不同，可以分为年度财务会计报告、半年度财务会计报告、季度财务会计报告、月度财务会计报告。

半年度、季度和月度财务会计报告都是在会计年度内编制，也被称为中期财务会计报告。年度财务会计报告的会计期间是每年的1月1日至12月31日；半年度是每年的1月1日至6月30日或7月1日至12月31日；季度是每年的1月1日至3月31日、4月1日至6月30日、7月1日至9月30日、10月1日至12月31日；月度是每月的1日到该月最后1日。

第三，按照编制单位分类。

财务报表按照编制单位的不同，可以分为单位会计报表和汇总会计报表。

单位会计报表是独立核算的企业依据本企业的账簿和有关核算资料编制的，主要反映企业自身的财务状况和经营状况。

汇总会计报表是由上级主管部门根据所属企业的单位会计报表和汇总单位本身的会计报表汇总编制而成的，反映一个部门或一个地区的综合经济情况。

第四，按照编制主体分类。

财务报表按照编制主体的不同，可以分为个别会计报表和合并会计报表。

个别会计报表是投资企业或接受投资企业编制的，反映投资企业或接受投资企业本身的财务状况和经营成果。

合并会计报表是在投资企业的对外投资占被投资企业的资本总额半数以上，或是拥有被投资企业控制权的情况下，根据投资企业和被投资企业的个别会计报表编制，反映投资企业与被投资企业整体的财务状况和经营成果。

第五，按照服务对象分类。

财务报表按照服务对象的不同，可以分为内部报表和外部报表。

内部报表是不对外公开的，为满足企业经营管理层的经济预测和决策等需要而编制的。

外部报表是对外公开的，主要供投资者、债权人、政府部门和社会公众等使用的。主要包括资产负债表及其附表、利润表及其附表、现金流量表等。

财务报表是对企业一定时期内经济活动的全面概括和总结，可以让使用者全面了解企业的财务状况、经营成果和现金流量。同时，财务报表还可以让企业内部管理者发现和解决企业存在的问题，提高企业的盈利能力和竞争力，还有助于政府制订相应的经济管理政策，对社会经济进行有效的宏观调控。

03 三分钟，三张表，了解财务报表七要素

投资者、债权人、管理者，不但要知道财务报表是什么，还要了解财务报表中的七要素。虽然这些要素在报表中只是一些枯燥的数字，但是这

数字背后却隐藏着十分重要的信息。

只要细心地了解、观察和分析，就会发现企业的经营状况就体现在这些数字中，而这些数字与企业的发展息息相关。首先我们先来了解会计六大要素，即会计要素。会计要素是企业会计核算的具体化内容，也是确定会计科目、设置账户的依据，这六大要素分别为资产、负债、所有者权益、收入、费用、利润。前三项是直接反映财务状况的要素，而后三项是直接反映企业经营成果的要素。

会计六大要素，是相互独立的，不过彼此之间也有紧密的联系。其中，资产、负债、所有者权益构成一组要素，用公式来表示它们之间的关系，即资产=负债+所有者权益。（如图1-6所示）它们构成了资产负债表，因此也称为资产负债表要素或静态要素。

而收入、费用、利润构成另一组要素，用公式表示它们之间的关系，即利润=收入-费用。（如图1-6所示）它们构成了利润表，因此也被称为利润表要素或动态要素。

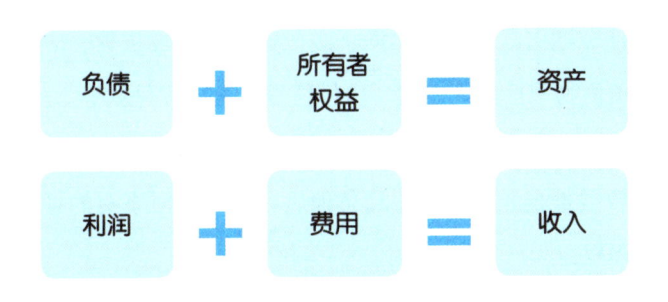

图1-6　会计六大要素的构成

所以，要想了解这些要素的数据，就需要了解这两张报表。当然，只有这些还不够，我们还应该了解第三张报表——现金流量表，这就涉及第七个要素——现金。现金流量表是资产负债表和利润表的补充。现金流量表中的数据，直接反映出企业收入、净利润、财务费用等相关信息，通过它可以更准确地了解企业是否盈利。

下面我们就来一一了解这些要素吧！

第一，资产。

资产是企业过去的交易或事项形成的，由企业拥有或控制，并且是能为企业带来经济效益的资源。不能为企业带来经济效益，就不是资产，只能算是企业的权利。

按照资产的流动性，可以分为流动资产和非流动资产；按照资产的具体形态，可以分为流动资产、长期投资、固定资产、无形资产和其他资产。

第二，负债。

负债是企业过去的交易或事项形成的，企业经济利益的流出。举个例子，某企业向银行借款1000万元，那么这笔款项就属于过去的交易或者事项所形成的负债，到期后必须要偿还。

如果把资产理解为企业的权利，那么负债就是企业的义务。

按照负债偿还期限的长短，可以分为流动负债和长期负债。其中，流动负债包括短期借款、应付票据、应付账款、预收货款、应付职工薪酬等；而长期负债则包括长期借款、应付债券、长期应付款等。

第三，所有者权益。

所有者权益是企业的资产扣除负债后，所有者所享有的经济利益，又被称为"股东权益"。

所有者权益的来源包括所有者投入的资本、经营中形成的资本公积金、盈余公积金和未分配利润等。

所有者权益与负债不同，不需要偿还所有者。企业清算的时候，只有偿还负债之后，才能被返还给所有者。

第四，收入。

收入是企业在日常经营活动中所形成的经济利益的总流入。它可能表现为企业资产的增加，也可能表现为企业负债的减少，或是两者的并存。

按照企业所从事日常活动的性质，收入可以分为销售商品收入、提供劳务收入、让渡资产使用权收入；按照企业经营业务的主次，可以分为主营业务收入和其他业务收入。

第五，费用。

费用是企业在日常经营活动中发生的经济利益的总流出。

与收入相对应，费用可能表现为资产的减少，或负债的增加，或者两者的并存。

如果有些交易或事项使得企业发生了经济利益的流出，但是不属于日常经营活动，那么这样的流出并不属于费用，如企业出售的固定资产。

按照其用途的不同，费用可以分为直接费用、间接费用和期间费用。其中直接费用、间接费用也叫作生产成本，包括直接材料、直接人工、制造费用。

第六，利润。

利润是指企业在日常活动中所产生的经营成果，包括营业利润、利润总额和净利润。

其中，营业利润是企业利润的主要来源。用公式表示为：营业利润=主营业务利润+其他业务利润-营业费用-管理费用-财务费用。

我们要了解利润，也要了解净利润，因为这是企业的最终成果。在某一个会计期间内，企业净利润越多，企业的经济效益就越好；反之，净利润越少，企业的经营效益就越差。

第七，现金。

这里的现金不是我们通常理解的狭义的现金，而是广义上的现金，它有着更大的范围。

现金是企业的货币性资产，包括库存现金、存入银行或其他金融机构且能随时用于支付的款项以及其他货币性资金和现金等价物。

而其他货币性资金，包括外埠存款、银行汇票存款、银行本票存款和在途货币资金等；现金等价物则是指那些企业限期较短、流动性较高的投资，如短期证券等。

总之，了解了这些要素，看懂这三张财务报表工作就会变得相对轻松。而看懂了这三张财务报表，我们就可以了解企业的钱从哪里来，花到了哪里，又带来了多少收益与利润，就能够全面掌握企业的财务状况和经营情况。

04 财务报表：一张企业的"战略地图"

不管是投资者还是管理者，都需要了解三方面情况，即企业的经营状况、投资的时机以及市场情况。那么，通过什么渠道能直接有效地了解这些信息呢？没错，就是通过企业的财务报表。（如图1-7所示）

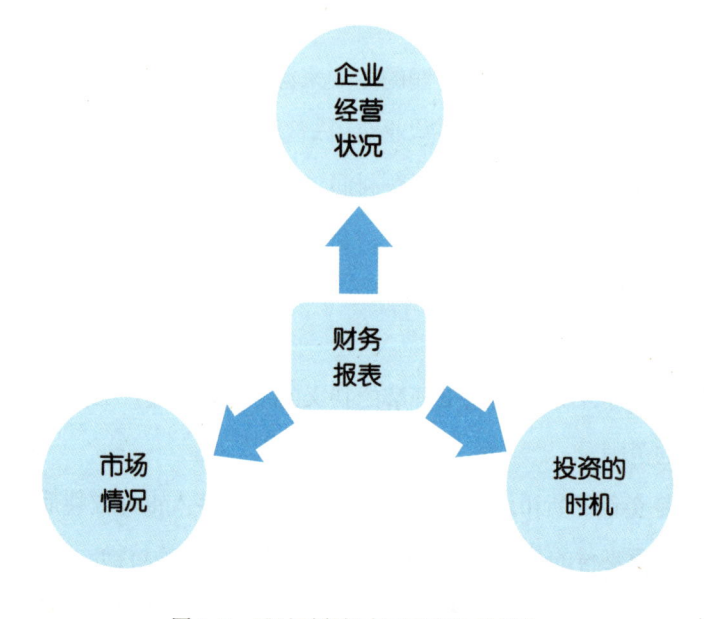

图1-7 通过财务报表可以获取的信息

财务报表，相当于一份资料齐全、数据翔实的企业"战略地图"。如果没有这一份"地图"，投资者、管理者就会像与前线阵地失去联系的指挥官一样，失去可靠的信息和判断的依据，无法做出及时、有效的战略部署和决策，就算手中拥有千军万马也无法取得胜利。

而财务报表这份翔实的"战略地图"的主要作用，就是让投资者、管理者可以了解自身的实力、战略推进的进度与结果，以及了解未来企业发展的趋势与前景，通过科学有效的分析以及预测，可以使企业增强偿债能力和盈利能力，提升企业在市场中的竞争力，最终获得更大的经济效益。

具体来说，想要获得更大的经济效益，我们必须了解自己手中有多少资源可供使用，资源的使用效率如何以及是否有缺少资源或资源闲置的情况。正如作为一名指挥官，作战前必须了解自己的兵力有多少，粮草、武器装备是否充足。资产负债表就反映了这些信息，记录了企业在某个时期的财和物的情况，以及资源是如何利用和分配的。

通过资产负债表，投资者和管理者可以预测接下来的企业的运营情况如何，是否需要筹资，如何筹资，是否有能力偿还债务，所获得的利润是否能保证企业健康地发展下去。

同时，我们还需要了解具体的运营情况，企业是否能够用最低的成本获得最大的利润。这就像战斗结束后，指挥官统计自身损失了多少兵力和装备，又打败和俘获多少敌军和装备一样，了解自己的"战斗力"是强还是弱。这些信息在利润表中都有所体现，它记录了企业的收入是多少，付出的成本是多少，收入都从哪里来，成本都用在哪里，最重要的是盈利水平是高还是低，以及影响盈利的主要因素有哪些，企业是否能持续盈利等。如果企业能获得更多的利润，并且具有持续盈利的能力，按照这样的势头持续地发展下去，会为相关利益者带来更多的经济效益。

最后，在企业的经营管理中，我们还需要关注资本，即资金的具体状况。资金就像弹药，弹药充足，胜利的天平就会倾向我们这一边。即使之前处于劣势，但是经过战略调整，很快就会扭转不利的局面或败局。然而，如果弹药不充足，就算处于优势，作战计划再完美，调度再及时，也只能得到失败的结果。

所以，在阅读财务报表时，一定要关注现金流量表，了解企业的资金状况，钱是从哪里来的，用到哪里去了，在某个时期钱是否充足，是否会给企业带来财务危险，是否能保证企业的正常经营、投资。同时，我们还需要根据企业的资金状况来思考接下来的问题，企业持续经营需要多少现金，用什么方法能创造更多的现金，以及如何把应收回现金最大限度地收回。

总之，财务报表可以说是一份企业生产经营的"战略地图"，读懂了以上三张报表，就可以让我们更好地了解企业的经营状况，深层次地发掘企业经营的秘密。在企业生产经营中，投资者、管理者应该充分把这三张报表结合起来，让它们充分发挥战略指导作用，并且以此为依据来制定和调整企业的发展计划与决策。

我们判断企业的经营能力与发展方向，不仅要看资源结构，还需要看利润规模。如果企业资源规模比较大，但是利润规模小，持续盈利能力比较弱，那么就很难持续发展下去。如果企业资源结构不是很大，但是市场定位比较高，利润很可观，如奢侈品的销售，存货周转慢，但价格高，有一定的市场占有率，那么企业发展也会很顺利。这个时候，我们就可以根据利润表、现金流量表来进行战略调整，精准地对企业进行定位。

企业是保守经营还是积极对外扩张，需要看收入与利润，更要看现金。很多企业经济效益非常好，利润也是持续高涨，但是账上资金并不充足，很大一部分原因是应收账款周转率不高，导致现金收不回来。如果管理者只关注经济效益，不深入了解现金流量表就盲目地对外扩张，加大负债，那么很有可能导致财务危机。

总之，企业的财务报表就是企业的战略地图，我们不仅要根据财务报表上的具体数据来制订企业发展战略，更应该通过财务报表来发现企业战略中存在的问题。从财务报表上找细节、找问题，自然就避免了盲目与失误。

05 哪些人阅读和使用财务报表

财务报表编制出来之后，哪些人会阅读和使用呢？

很多人认为财务报表就是给企业经营者、财务人员看的，但实际上，财务报表的阅读者和使用者并不仅限于经营者和财务人员。

利益相关人员会阅读财务报表，除了企业经营者，还可以分为内部使用者和外部使用者。内部使用者包括管理层、财务人员、员工；外部使用者则包括投资者、债权人、政府机构、潜在的投资者和债权人以及同行业竞争对手。（如图1-8所示）

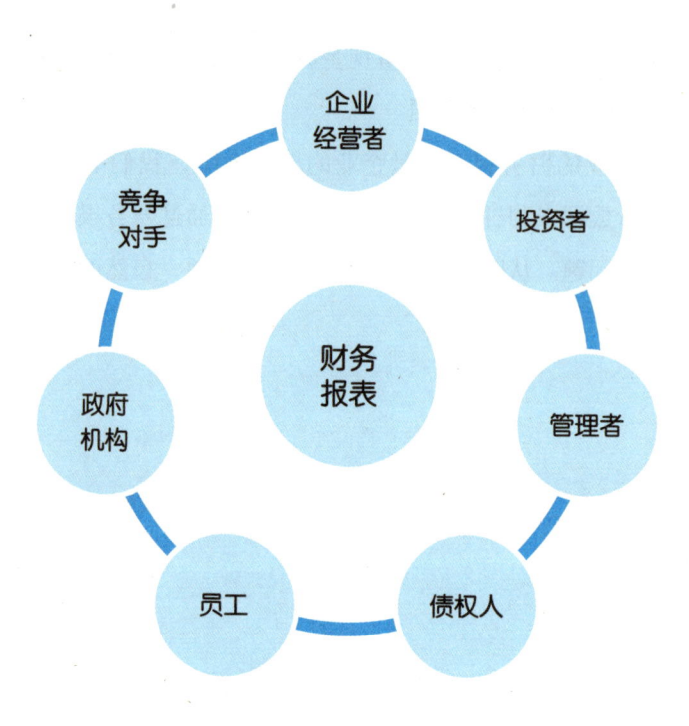

图 1-8　财务报表的主要使用者

下面，我们来介绍财务报表的主要使用者以及不同的使用者对财务报表的不同要求。

第一，企业经营者。

作为企业领导者，经营者需要及时、充分、准确地掌握企业各方面的信息，以此来判断企业的财务是否健康，业绩是否持续成长，未来如何进行融资和筹资，如何选择投资项目。

只有对财务报表进行分析，不断地对企业的经营业绩、盈利能力、运营能力与现金流动状况进行比较和分析，才能做出正确的决策。

相反，如果企业经营者不懂得或不重视解读和分析财务报表，就很难做出精准的战略定位，也很难对企业进行调控、管理，在商机面前无法做出正确的决策，从而错失机会。

企业经营者的目的是获得更多的利润，所以更应该关注资产负债表和利润表，以便知晓自己拥有多少资产、获得多少收益。

第二，投资者。

与企业经营者一样，投资者同样关注企业的业绩增长情况，通常会通过财务报表理解其投资的完整性、持续性。投资者比较关心企业资本结构的变化、利润分配政策等情况。此外，投资者还希望通过财务报表了解企业目前以及未来的获利能力、在行业中的竞争力以及未来的发展前景。

通过利润表，投资者可以了解其利润是如何实现的，是通过扩大企业经营规模、提高产销量实现的，还是靠降低成本费用、提高企业运营能力实现的，或者是依靠变卖企业资产来实现的。

通过资产负债表，投资者可以了解企业的资产质量是否良好、债务是否清晰，以及资产是否被高估，负债是否被低估。如果这些问题不明确，投资者的投资风险就会加大，投资活动可能会盈利也可能会亏损。

企业是否具有强大的竞争力，还需要看其现金流情况。所以，投资者也非常关注现金流量表，以此来了解企业获取现金和现金等价物的情况，进而判断企业是否存在财务危机。

第三，管理者。

企业管理者，尤其是高层管理者，想要做好经营战略的调整、业务活动的安排以及企业内部的管理就必须了解财务报表，并且根据报表中的数据分析企业的经营战略、经营方法、竞争战略方面的问题。

管理者要分析利润表，利用相关数据进行比率计算，对照历史数据与同行业的经营业绩、盈利水平进行比较，在发现企业的问题之后积极寻找解决问题的方法。

同时，管理者还需要通过财务报表中的数据了解企业的筹资活动、投资活动，思考企业经营的风险有哪些，以及如何全面地进行预算、投资管理。

第四，债权人。

债权人最关心企业的偿债能力，包括长期偿债能力和短期偿债能力，所以他们会通过财务报表分析和评估企业的现金流是否稳定，是否能支付足够的利息，并及时偿还全额债务。

那么，债权人最关注财务报表中的哪些指标呢？主要包括现金流量表、现金净流量、流动比率、利息收入倍数等。因为现金流量表反映了企业在一定期间内现金的增减变动情况，可以使债权人了解现金流是如何形成的。而现金净流量是在经营活动中产生的，如果该指标大于1，且当期的现金净流量主要来源于经营活动现金净流量，那么说明企业的持续经营能力很强，有足够的实力可以健康地经营下去。

第五，员工。

很多人认为员工只是企业中最普通的一员，无法接触到财务报表，更没有必要去费心思了解财务报表。其实，这种想法是错误的。

企业员工，尤其是作为上市企业来说，员工可能是企业的小股东，企业的经营状况、业绩情况也直接关系到员工的切身利益。企业盈利能力越强，越能健康、持续地发展，员工的利益越能得到保证。即使不是上市企业，如果员工能接触到自己企业的财务报表，也应该多进行了解，明确知晓企业是否具有稳定性、持续性及盈利性，是否能为自己带来更多经济利益。

第六，政府机构。

政府机构的职能之一就是对社会经济形势进行宏观调控，而通过阅读和分析一家企业、一个行业的经营活动以及社会资源的分配情况，就可以做出经济政策的调整。

同时，企业的纳税数据是从财务报表中得出来的，税务机关通过了解企业的财务信息，尤其是流入和流出的现金数量和规模，可以审核企业纳税时是否有违法的行为。同时，税务机关还会根据统计的国民收入数据以及各企业的财务数据，制订和调整相关税收政策。

第七，竞争对手。

竞争对手也很关心企业的财务报表，因为通过对同一行业内竞争对手的财务状况和经营情况进行比较分析，可以明确自己的优势与劣势，进而制订更合适自身的发展策略。

总之，财务报表对于企业来说至关重要，无论哪一个位置，都需要读懂和学会分析财务报表，全面了解对自身有价值的信息，这样才能达到自己的目的。

06 必看的财务指标——企业经营状况的"晴雨表"

在看财务报表时，跟踪分析一些财务指标，就可以了解企业利润的来源、财务状况发生变动的原因，还能发现企业存在的财务问题。同时，通过相关财务指标的对比，可以了解企业的竞争力、风险抵抗力和成长性，有利于管理者对未来投资做出预测和决策。

我们必看的一些财务指标主要有八项。（如图1-9所示）

图 1-9　必看的八项财务指标

第一，流动比率。

流动比率是衡量企业债务的重要工具之一，可以衡量企业是否有能力用现有的资产来偿还未来12个月内必须偿还的债务。

计算公式为：流动比率 = $\dfrac{流动资产}{流动负债} \times 100\%$。

其中，流动资产包括现金、应收账款、存货以及交易证券等其他资产。

流动负债是企业必须在未来12个月内偿还的债务，包括应付账款、短期票据、应付税项等。

一般来说，企业的流动资产越多，短期债务越少，流动比率越大，短期偿债能力越强。影响流动比率的主要因素包括流动资产中的应收账款数额和存货的周转速度。

第二，速动比率。

速动比率比流动比率更严格，在衡量公司偿还债务能力时，不考虑存货这一因素，只包括企业的现金和应收账款中的现金。

计算公式为：速动比率=$\frac{速动资产}{流动负债} \times 100\%$。

其中，速动资产=现金+应收账款+短期投资。

速动资产是流动资产减去存货、预付账款、待摊费用、待处理流动资产净损失等资产的余额，主要包括货币资金、短期投资、应收账款、应收票据、其他应收款等。

因为存货的变现能力较弱，所以剔除了这一项后，速动比率比流动比率更能体现企业的短期偿债能力。

第三，现金比率。

现金比率也叫作现金资产比率，是流动资产中的现金类资产与流动负债的比值。这个指标最能反映企业直接偿付的能力。

计算公式为：现金比率=$\frac{现金类资产}{流动负债} \times 100\%$。

其中，现金类资产包括库存现金、银行存款和短期证券。现金比率越高，企业的变现能力越强。一般来说，这个比率应该在20%以上，但是也不能过高，否则说明企业流动资产未得到合理利用，企业获利能力比较低。

第四，资产负债率。

资产负债率是企业全部负债与全部资产的比值。

计算公式为：资产负债率=$\frac{负债总额}{资产总额} \times 100\%$。

资产负债率反映出在企业资产总额中债权人提供资金所占的比例，是衡量企业负债水平及风险程度的重要指标。一般来说，资产负债率越高，企业负债越高，财务风险越高；资产负债率越低，企业负债越低，财务风险越低。资产负债率应该保持在40%~60%，不能过高，也不能过低。

第五，存货周转率。

存货周转率是企业一定时期内营业成本与存货平均余额的比值，反映了企业存货的周转速度以及资产流动性。

计算公式为：存货周转率（次数）= $\dfrac{营业成本}{存货平均余额}$。

周转天数= $\dfrac{计算期天数}{存货周转次数}$。

存货周转率越高，企业的经营周期越短，变现能力越强；存货周转率越低，企业的经营周期越长，变现能力越弱。所以，企业需要想办法提高存货周转率，进而提高企业的变现能力。

第六，产权比率。

产权比率是负债总额与所有者权益总额的比值，是衡量企业长期偿债能力的指标之一，也是衡量企业财务结构是否稳健的重要指标。

计算公式为：产权比率= $\dfrac{负债总额}{所有者权益总额} \times 100\%$。

产权比率直接关系到债权人的利益，因为企业一旦清算，债权人对企业资产享有优先权，如果所有者权益超过负债，企业就有足够的资产变现用来偿付债务。

通常来说，产权比率越低，企业长期偿债能力越强，其风险越低，报酬越低；产权比率越高，企业长期偿债能力越弱，其风险越高低，报酬越高。

第七，销售净利率。

销售净利率是企业净利润与销售收入净额的比值。

计算公式为：销售净利率= $\dfrac{净利润}{销售收入净额} \times 100\%$。

其中，净利润=利润总额-所得税。

销售收入净额=销售总额-销售退回-销售折让-销售折扣

销售净利率反映每一元销售收入能为企业带来的利润是多少，反映销售收入的收益水平。企业在生产经营中，不仅要保证售收入的增加，还需要保证净利润的增加，否则企业的收益水平也很难提高。

第八，运营指数。

运营指数，也叫作"现金营运指数"，是经营现金净流量与经营应得现金的比值。

计算公式为：运营指数=$\dfrac{经营现金净流量}{经营应得现金}$。

其中，经营所得现金=净利润-投资收益-营业外收入+营业外支出+本期提取的折旧+无形资产摊销+待摊费用摊销+递延资产摊销。

运营指数最好接近1，说明企业的收益质量非常好，可以很好地从经营中获取现金；如果小于1，则说明企业的收益质量不好，不能从经营中获取足够的现金。

除了以上这些财务指标，在阅读和使用财务报表时，我们还需要关注很多重要的财务指标，如应收账款周转率、净资产收益率、资本金利润率、成本费用利润率、营业收入增长率等。这些指标直接或间接反映了企业的偿债能力、运营能力、获利能力、发展能力，而综合分析这些指标就可以让我们对企业经营状况、财务状况进行全面的判断和评估，进而更好地进行投资、管理与运营。

第二章

解读资产负债表
——剖开企业"截面",诊断过去和现在

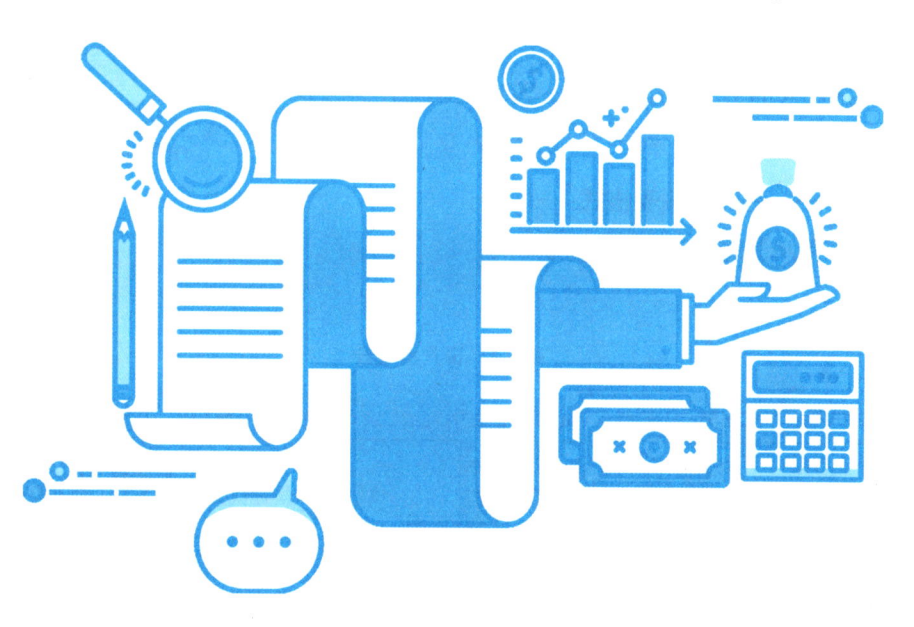

01 读懂这张资产负债表，才能摸清"家底"

资产负债表是根据企业某一特定日期的资产、负债和所有者权益之间的相互关系，按照一定分类标准和顺序把那些会计项目进行适当的排列，进而把日常工作中形成的大量数据浓缩在一起的会计报表。

通过资产负债表，我们可以看清企业在某一特定日期所拥有或控制的经济资源、所承担的现有义务和所有者对净资产的要求权，即一定会计期间内企业的资产总额是多少，其中流动资产有多少，非流动资产有多少，有多少资产是借贷来的，有多少资产是投资者投入的。

一、资产负债表格式

资产负债表格式如表2-1所示。

表2-1　资产负债表

编制单位：　　　　　　____年____月　　　　　　单位：元

资　产	行次	期末余额	年初余额	负债和所有者权益（股东权益）	行次	期末余额	年初余额
流动资产：				流动负债：			
货币资金				短期借款			
交易性金融资产				交易性金融负债			
应收票据				应付票据			

续表

资产	行次	期末余额	年初余额	负债和所有者权益（股东权益）	行次	期末余额	年初余额
应收账款				应付账款			
预付款项				预收款项			
应收利息				应付员工薪酬			
应收股利				应缴税费			
其他应收款				应付利息			
存货				应付股利			
其中：消耗性生物资产				其他应付款			
一年内到期的非流动性资产				一年内到期的非流动负债			
其他流动资产				其他流动负债			
流动资产合计				流动负债合计			
非流动性资产：				非流动负债：			
可供出售金融资产				长期借款			
持有至到期投资				应付债券			
长期应收款				长期应付款			
长期股权投资				专项应付款			
投资性房地产				预计负债			
固定资产				递延所得税负债			
在建工程				其他非流动负债			
工程物资				非流动负债合计			
固定资产清理				负债合计			
生产性生物资产				所有者权益（股东权益）			
油气资产				实收资本（股本）			

续表

资　产	行次	期末余额	年初余额	负债和所有者权益（股东权益）	行次	期末余额	年初余额
无形资产				资本公积			
开发支出				减：库存股			
商誉				盈余公积			
长期待摊费用				未分配利润			
递延所得税资产				所有者权益（股东权益）合计			
其他非流动性资产							
非流动资产合计							
资产总计				负债和所有者权益（股东权益）合计			

如表2-1所示的资产负债表中，我们可以看出资产类项目的填列顺序是按照资产的流动性强弱来安排的，即流动性最强的先填列，先填列货币资金，之后是交易性金融资产、应收票据等。负债项目也是按照负债的流动性强弱来安排的，而所有者权益类项目是按照一个项目在企业中的永久程度高低排列的。

二、资产负债表的作用

对于投资者、债权人等报表使用者来说，看懂资产负债表有如下五个作用。

第一，看懂资产负债表，可以帮助我们评价企业的资产状况及资产的构成情况，评价企业所负担的债务以及投资者所拥有的权益。

资产负债表最主要的作用是反映某一会计期间内企业的财务状况和各个项目的金额。而通过资产负债表，我们可以了解资产、负债和所有者权益的实际状况，对于企业的实际情况能够做到心中有数，进而评价企业的财务实力和财务弹性。

第二，看懂资产负债表，可以让我们分析企业的偿债能力。

资产负债表是一张静态报表，反映的是一个时间节点的数据，所以很多人把它比喻为"一张企业财务活动的快照"。

因为企业的经营活动是持续的、不断变化的，因此，报表上的数据也并不是一成不变的。所以，想要了解企业某一年的资产负债情况，就需要看这一年年底的资产负债表；想要了解企业某个月的资产负债情况，就需要看该月月底的资产负债表。

而想要分析企业的短期偿债能力和长期偿债能力，就需要考察资产负债表中是否有用来偿还债务的资产以及有多少需要偿还的债务。在报表中，某一日期的负债总额就能显示了短期负债的构成和长期负债的构成，同时也显示了企业未来需要多少资金来偿还债务等。

第三，看懂资产负债表，可以了解企业所拥有或控制的各种经济资源以及这些经济资源的分布与结构。

在资产负债表中，企业所拥有和控制的资产按照经济性质分为流动资产、长期投资、固定资产、无形资产等。各项目之下又具体分成明细项目，比如流动资产又按照不同性质分为货币资金、应收及预付款项、存货等。这样一来，企业资产项目的总额和构成就一目了然地展现在报表使用者的面前。

第四，看懂资产负债表，可以看清企业的资金来源和构成。

众所周知，企业资金的来源有两个，一是债权人，二是所有者投资。通过资产负债表的资产方项目，我们可以了解企业资金的占用情况。

在资产负债表中，分别列示了债权人权益和所有者权益，并且根据其不同性质把负债分为流动负债和非流动负债，把所有者权益分为实收资本(股本)、资本公积、盈余公积、未分配利润。这样一来，我们就可以通过资产负债率直观地了解企业的资金来源及构成情况。

第五，看懂资产负债表，可以帮助我们预测企业未来的财务趋势。

在资产负债表中，分别列示有资产、负债和所有者权益的期初和期末金额，可以了解项目的增减变动情况。通过不同时期同一项目的纵向对比，可以分析出企业的财务发展趋势以及预测企业未来的发展潜力。

同时，通过同一时期不同项目的横向对比，可以帮助我们预测企业的财务状况。两者进行结合，便可以做出更合理和准确的预测。

三、资产负债表的局限性

资产负债表也有一定的局限性，在阅读和分析时需要关注其局限性，而不是盲目地直接运用。资产负债表的局限性一共有四点。

第一，资产负债表以原始成本为基础，不反映资产、负债和所有者权益的现行市场价值。

资产负债表中的会计信息是客观的、真实的，但是这些信息不能反映各项目的现行市场价值。如果发生通货膨胀，账面上的原始成本与编表日的现时价值就存在着很大的差别。

企业的房屋等固定资产使用期限较长，十年前购入的房屋，其现行市场价格已经上涨数倍甚至数十倍。但是，资产负债表上依旧以原始成本来扣除累计折旧，这样就使其账面价值与实际价值相差甚远。

因此，在阅读和分析资产负债表时需要考虑这一方面的因素。事实上，很多财务人员也尝试利用重置成本、可变现净值来取代原始成本，提高会计信息的决策有用性。

第二，资产负债表遗漏了很多无法用货币计量的重要经济资源和义务的信息。

会计信息是用货币计量的数据信息。但是，那些无法用货币计量的重要经济资源和义务就无法在资产负债表中体现，如企业的管理能力、人力资源、所承担的社会责任、在社会上的商业信用以及固定资产在行业上的先进程度等。

这些信息会影响企业的实力和经营能力，如果投资者、债权人只关注报表中的数据性信息而忽视这些因素，很可能做出不准确的判断。

第三，资产负债表中包括很多估计数，导致信息并不完全可靠。

虽然资产负债表中的会计信息都是真实的，但是因为很多项目都是估计数，所以并不完全可靠。

坏账准备是按照坏账百分比来计提的，固定资产累计折旧是按照固定资产使用年限来计提的，而无形资产摊销是按照摊销期限来摊销的，其数据不是准确数而是估计数。比如，预提修理费用也是估计的，或有负债和或有资产也是不确定的，也是估计数。使用和分析报表时，我们需要注意这一点。

第四，报表使用者对于资产负债表的判断具有主观性。

资产负债表可以反映企业的短期偿债能力、长期偿债能力，可以帮助我们预测企业的经营绩效。但是这些信息都不是由资产负债表直接披露的，而是报表使用者主观判断出来的。报表使用者的专业能力、对信息掌握的全面与否以及所采用的会计政策等，都会影响其判断结果。

总之，资产负债表是企业的一张财富清单，读懂了它，我们就可以知道自己的"家底"到底殷实不殷实，即掌握了企业有多少资产、负债和所有者权益。同时，想要真正、全面掌握企业资产负债表中的信息，我们需要明确了解其局限性，正确借助会计信息以及其他方面的信息，做出正确的评价、判断与预测。

02 资产负债表的编制

资产负债表各项目的金额栏分为"期末余额"和"年初余额"两栏。其中，"年初余额"栏各项目应该根据上年末资产负债表中的"期末余额"栏中的金额填列。如果各项目名称、内容发生变化，则需要根据规定调整上一年末的相关项目的内容、金额，按照调整后的金额填入当年资产负债表中的"年初余额"栏。

下面，我们来看看"期末余额"栏的填列方法。（如图2-1所示）

直接根据总账余额填列

根据若干总账余额计算填列

根据账户余额分析填列

根据总账所属明细账的余额方向分析填列

根据有关资产账户及其减值账户余额抵销后的净额填列

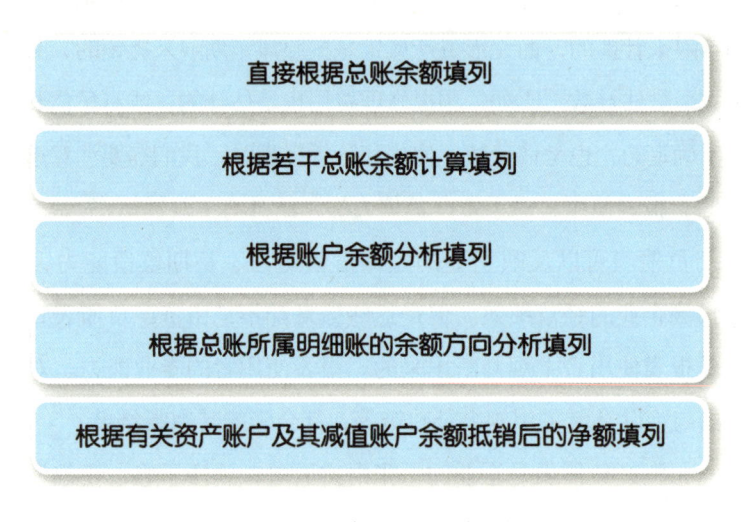

图2-1　"期末余额"栏的填列方法

第一，直接根据总账余额填列。

即直接将总账中的余额填入资产负债表中的相关项目，如应收票据、短期借款、实收资本等项目直接根据其余额填列。

第二，根据若干总账余额计算填列。

即把分散在若干账户中的数据计算总和后填入资产负债表中的相应项目。比如，把库存现金、银行存款、其他货币资金等项目合计后，填入报表中"货币资金"项目，目的是集中反映某类会计信息。

第三，根据账户余额分析填列。

即把某个项目的余额进行分析后填入相关项目中，比如，把长期借款等账户余额进行分析，其中，一年内将要到期的部分与其他长期负债中将要在一年内到期的部分填入"一年内到期的非流动负债"项目；扣除一年内到期部分后的余额，填入"长期借款"项目。

这样做的目的是更准确地反映资产、负债的流动性，对非流动资产、非流动负债账户的余额进行分析。

第四，根据总账所属明细账的余额方向分析填列。

即根据总账所属明细账的余额方向来确定其性质，然后按照性质不同来分别填入相关项目。比如，应付账款和预付账款应根据其总账的明细账户余额方向分析来填列，其中，具有贷方余额的明细账余额合计填入"应付账款"项目，而具有借方余额的明细账余额合计填入"预付账款"项目。

这样做的目的是对具有双重性质的总账内容进行分析，更准确地反映企业的财务状况。

第五，根据有关资产账户及其减值账户余额抵销后的净额填列。

即对计提了减值准备的账户按照相关资产账户抵减其准备账户余额后的净额填入相关项目。比如，长期股权投资应该按照抵减"长期股权投资减值准备"账户后的余额填入"长期股权投资"项目。

03 负债，代表了企业的信用能力

负债具有两个特征：其一，负债的清偿预期会导致企业经济利益的流出。其经济利益流出包括很多形式，如以现金或实物资产偿还、提供的劳务偿还以及将负债转为所有者权益等。其二，负债是现时的义务，是过去已经发生的交易或事项所产生的结果。

按照偿还时间的长度，负债可以分为流动负债和长期负债两类。（如图2-2所示）

```
流动负债
├── 短期借款
├── 应付票据
├── 应付账款
├── 应付工资和应付福利费
├── 应付股利
└── 预提费用

长期负债
├── 长期借款
├── 应付债券
└── 长期应付款
```

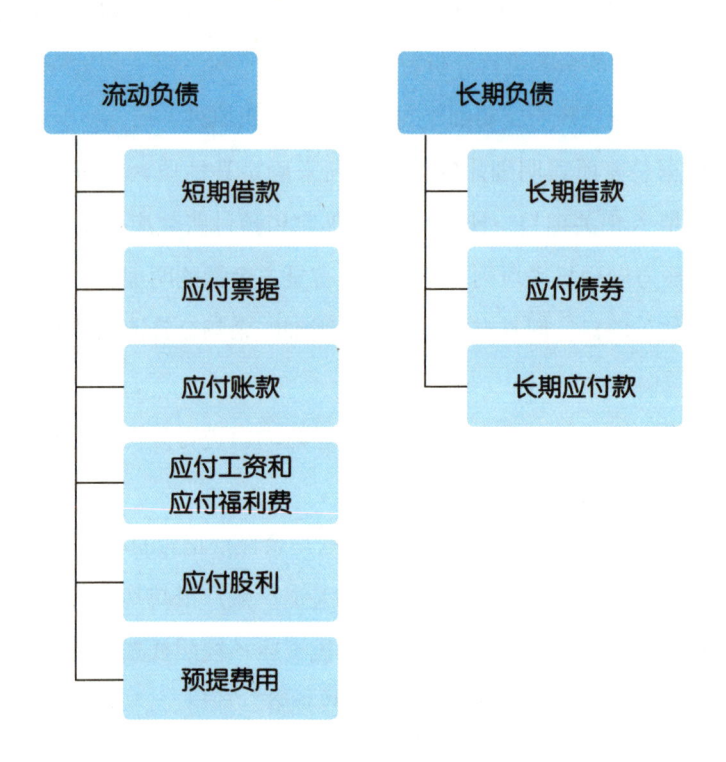

图 2-2　企业负债的分类

一、流动负债

流动负债的到期日在一年或超过一年的一个营业周期以内，其金额一般都比较小。流动负债与流动资产关系非常密切，通过两者的比较可以了解企业的短期偿债能力和清算能力。

按照分类标准不同，流动负债的项目也不同。比如，按照营业活动的形成，包括应付账款、应付票据、预收账款、应付工资、应付福利费、应交税金等。而按照应付金额的肯定程度，则包括短期借款、应付账款、应付票据、预收账款、应付工资等。

下面我们来了解六个重要项目。

第一，短期借款。

短期借款是企业为了弥补日常生产经营活动中所需流动资金的不足，从银行或其他金融机构借入的偿还期在一年以内的各种借款。主要包括短期流动资金借款、结算借款、临时借款、票据贴现借款等。企业取得短期借款而发生的利息费用，应作为财务费用处理，计入当期损益。

第二，应付票据。

应付票据是企业因赊销交易而开出的，在一年之内需要按票据上的规定日期、规定金额承兑的银行汇票和商业汇票。

票据到期收到银行付款通知时，如果是不带息票据，应按票据面额，借记"应付票据"，贷记"银行存款"；如果是带息票据，则按票据账面价值，借记"应付票据"，按实际支付金额，贷记"银行存款"。

第三，应付账款。

应付账款是企业因为赊购交易而发生的各种款项。因为企业购进商品或接受劳务等业务的发生时间和付款时间不同，所以才会产生应付账款。应付款项应该按照应付金额入账，而不是按照到期应付金额的现值入账。

第四，应付工资和应付福利费。

应付工资是企业在一年时间内应支付给员工的工资，包括工资、津贴、奖金以及与绩效挂钩的工资。在资产负债表中，应付工资是企业应付未付的员工工资。

应付福利费是企业在一年时间内应支付给员工的各种福利费用。主要包括用于员工医药费、困难补助，员工浴室、理发室、托儿所、幼儿园人员的工资以及集体福利设施支出，独生子女补贴等。

按照国家规定，员工福利费应该按照工资总额的14％提取。而资产负债表中，应付福利费是企业已经提取但未使用的余额。

第五，应付股利。

应付股利是企业应支付但未支付给投资者的利润，包括应付国家、其他单位以及个人的投资利润。

企业在生产经营过程中，实现的利润在纳税后必须分配给投资者。而这些利润在未支付前暂时留在企业内，形成企业的一项流动负债。在资产负债表中，应付股利是企业未支付利润的余额。

第六，预提费用。

预提费用是企业按照规定从成本费用中预提但未支付的费用，包括预提的租金、借款利息、固定资产修理费等。

预提费用和待摊费用是不同的，前者是预先提取，但未使用，而后者是已经支付，但需要在本期和之后各期分别分摊。假设企业预提的数额比实际支付的数额小，那么这个余额就需要计入待摊费用。

除了以上几个流动负债项目，还有其他应交款和其他应付款，如应交的教育费附加、矿产资源补偿费、应付租入固定资产、包装物的租金等。另外，一年内到期的长期负债也属于流动负债。

二、长期负债

长期负债，也叫作非流动负债，即偿还期在一年或者超过一年的一个营业周期以上的负债。

长期负债数额较大，本金的偿还需要一定的积累。同时，长期负债的数额直接关系到企业资本结构的合理性，而良好的资本结构也可以使企业的偿债能力得到提升。

长期负债包括长期借款、应付债券、长期应付款等。

第一，长期借款。

长期借款是企业向银行和非银行金融机构或其他单位借入的，期限在一年以上的借款。

长期借款主要用途包括弥补企业流动资金的不足；满足企业扩大生产经营、购置各种机械设备以及建造厂房的需求；保持投资者原有的控制企业的权利等。虽然长期借款利率比较高，但是对于信誉好或抵押品流动性强的企业来说，可以争取到降低的利率，获得企业需要的资金，有利于企业进行长期投资和生产经营。

在资产负债表中，长期借款包括其本金利息以及外币折算差价。

第二，应付债券。

应付债券是企业为筹集长期使用资金，发行期限在一年以上的应付长期债券。

应付债券是企业筹集长期资金的主要途径之一，一般来说，可以按面值发行、溢价发行和折价发行，到期时需要支付持有债券人本金和利息。

第三，长期应付款。

长期应付款是除了长期借款和应付债券以外的其他长期应付款，付款期限在一年以上，主要包括应付补偿贸易引进设备款和应付融资租入固定资产租赁费等。

其中，补偿贸易是由国外企业提供设备或技术，国内企业用生产产品来补偿设备或技术，通过补偿贸易，国内企业获得了设备或技术，但是也形成一种负债，需要用产品的销售收入来补偿。所以，当企业在获得设备或技术、归还设备款之前，就欠了租赁公司的长期负债。

可以说，负债是企业所欠的款项和一定时期内应履行的义务。所欠的款项，有明确的偿还期，到期必须偿还；同时到期应履行的义务，也有明确的规定，到期必须履行。这具有法律上的强制性，企业必须按照相关规定来偿还款项，履行义务，保护企业的信用和形象。

负债代表了企业的信用能力，合理负债不仅可以增加企业流动资金，还可以提高企业的信用。如果企业没有负债，或是负债比例很低，就说明企业生产经营得不到充足发展，未来前景也不容乐观。但是负债率过高，也可能给企业带来财务风险，导致现金流不足，不能及时偿还债务。资产负债率过高，还可能导致融资成本加剧，促使企业面临破产的危机。所以，企业要合理负债，运用债务杠杆提升企业的竞争力和信用能力。

04 资产也分流动和非流动

资产分为流动资产和非流动资产（如图2-3所示），这是根据资产流动性的快慢来区分的。

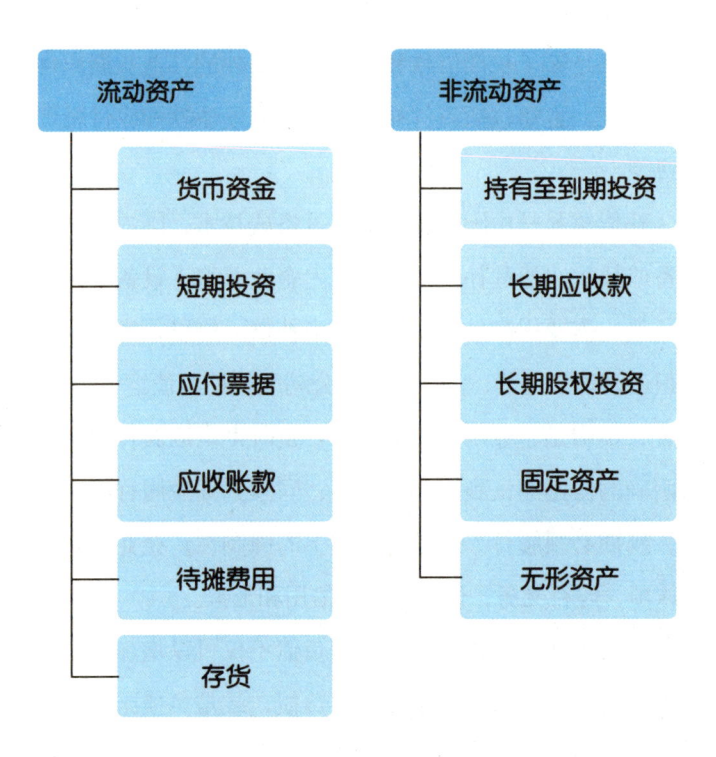

```
流动资产                    非流动资产
├─ 货币资金                  ├─ 持有至到期投资
├─ 短期投资                  ├─ 长期应收款
├─ 应付票据                  ├─ 长期股权投资
├─ 应收账款                  ├─ 固定资产
├─ 待摊费用                  └─ 无形资产
└─ 存货
```

图2-3 流动资产和非流动资产

流动资产就是那些可以在一年或超过一年的一个营业周期内转化为现

金或被耗用的资产。而非流动资产就是那些不能在一年或超过一年的一个营业周期内转化为现金或被耗用的资产，是除了流动资产之外的资产。

一、流动资产

流动资产主要包括货币资金、短期投资、应收票据、应收账款、待摊费用、存货等。

在周转过程中，流动资产的形态依次发生改变，即货币资金—储备资金/固定资金—生产资金—成品资金—货币资金。流动资产的周转速度快，变现能力强，与生产流通紧密结合。一般来说，在正常营业周期内，从货币资金开始流通，最后再转变为货币资金的平均时间短于一年。但是，比如造船、酿酒等某些行业的营业周期也可能超过一年。

流动资产具有四个特性：占用形态具有变动性；占用数量具有波动性；循环与生产经营周期具有一致性；来源具有灵活多样性。

下面我们来具体了解流动资产的主要内容。

第一，货币资金。

货币资金是指在生产经营活动中以货币形态存在的资金。主要包括库存现金、银行存款及其他货币资金。

货币资金可以立即投入流通，用来购买商品或劳务，或用来偿还债务。货币资金是企业资金运动的起点和终点，是企业中最活跃、流动性最强的资产。

库存现金包括人民币现金和外币现金。银行存款包括银行汇票、银行本票、商业汇票、支票等。

而其他现金则包括外埠存款、银行汇票存款、银行本票存款、信用证保证金存款、信用卡存款和存出投资款等。

第二，短期投资。

短期投资是指企业持有的各种能随时变现、持有时间不超过一年的有价证券以及不超过一年的其他投资。主要包括股票、债券、国库券和基金等。

短期投资是企业在主营业务以外，投资其他企业或单位并获得收益的一种经济活动。当企业持有的货币资金过多，存入银行又不能发挥最大价值时，就可以利用部分资金来购买股票、国库券等有价证券来进行投资，获得更高的经济收益。

短期投资，也叫作"准现金"，变现能力非常强，流动性仅次于现金。

短期投资具有五个特性：短期投资必须随时可以上市流通；管理层计划在一年内将它变为现金；变现能力强；持有时间短；不以控制、共同控制被投资单位或对被投资单位实施重大影响为目的。

第三，应收票据。

应收票据是企业在销售产品或提供劳务过程中收到的未到期或未兑现的商业汇票。按照承兑人的不同，可以分为商业承兑汇票和银行承兑汇票。

商业承兑汇票是指由收款人签发，付款人承兑，或由付款人自己签发并承兑的票据。

银行承兑汇票是指由收款人或承兑申请人签发，由承兑申请人向开户银行申请，经银行审查同意承兑的汇票。

商业汇票的付款期限不超过六个月，持票人可以持未到期的商业汇票和贴现凭证向银行申请贴现。

应收票据的到期日按照不同的约定方式来确定。比如，约定按日计算，应该以足日为准。4月20日开出的60天商业汇票的到期日为6月19日。约定按月计算，应该以足月为标准，8月31日开出的6个月商业汇票的到期日为2月28日（到期月份的最后日，如果2月29天，则到期日为29日）。

应收票据的到期价值是商业汇票到期时的全部应支付款项，根据是否带息来确定。如果带息，其计算公式为：

票据到期价值=票面面值×（1+票面利率×票据期限）。

第四，应收账款。

应收账款是企业在销售商品、提供劳务等业务时，应向购买单位收取的款项，包括应由购买单位或接受劳务单位负担的税金、代购买方垫付的包装费、各种运杂费等。

应收账款是企业在生产经营过程中被购买单位占用的资金。想要保证企业持续经营下去，就应该收回应收账款，避免产生坏账、呆账。而对于无法收回的应收账款，企业需要在取得有关证明并按规定程序报批后，做坏账损失处理。

会计上的应收账款不包括应收职工欠款、应收债务人利息、购买的长期债券等，也不包括本企业付出的各类存出保证金，如投标保证金和租入包装物保证金等。

第五，待摊费用。

待摊费用是指已经支出但应由本期和以后各期负担的各项费用，比如排污费、技术转让费、广告费、固定资产经常修理费等。

待摊费用是企业当期已经发生或支出的，应该在一年以上的期间内分期摊销的产品成本或期间费用。

第六，存货。

存货是指在生产经营过程中，企业持有的待出售的产成品或商品，为了出售仍然处在生产过程中的在产品以及将在生产过程或提供劳务过程中耗用的材料、物料等，主要包括原材料、在产品、半成品、产成品、商品以及包装物、低值易耗品、委托代销商品等。

存货是有形资产，具有较强的流动性，能较快地变现，但是长期不能耗用的存货可能会变为积压品，给企业带来一定的经济损失，所以企业必须做好存货管理。

二、非流动资产

非流动资产包括持有至到期投资、长期应收款、长期股权投资、固定资产、无形资产等。

与流动资产相比，非流动资产占有资金比较多，周转速度慢，变现能力差。因为企业持有时间长，所以这些资产对于企业的多个会计期间的财务状况和经营成果都有较大影响。

第一，持有至到期投资。

持有至到期投资是指企业持有的、在一年或企业超过一年的一个营业周期内到期的债权证券。

所有持有至到期投资，在购入时需要以成本入账，利息收入则需要在获取时入账。

第二，长期应收款。

长期应收款是指企业在融资租赁过程中产生的应收款项以及采用递延方式分期的收款。

第三，长期股权投资。

长期股权投资是企业购买其他企业的且不准备随时出售的股票。

通常来说，股权投资具有四个特点：投资大、风险大、投资期限长、能为企业带来较大的利益。可以说，这是风险与利益并存的投资。

长期股权投资的目的是长期持有被投资单位的股份，成为被投资单位的股东。通过持有股份，企业可以对被投资单位实施控制或施加重大影响。

第四，固定资产。

固定资产是指企业为了生产商品、提供劳务、出租或经营管理而持有的且使用年限超过一年的有形资产，包括房屋及建筑物、机器设备、运输设备等。

固定资产被企业长期持有，金额较大、变现能力差，但是对于企业经济效益和财务状况具有很大的影响。

固定资产可以长期地、重复地参加生产过程，但是也会产生磨损，磨损不会改变其本身的实物形态，但是固定资产的价值会逐步转移到产品中，到最后固定资产可以折旧回收。

第五，无形资产。

无形资产是指企业为了生产商品或提供劳务，而持有的或出租给他人的、没有实物形态的长期资产，包括专利权、非专利技术、商标权、著作权、土地使用权和商誉等。

无形资产没有实物形态，能为企业带来长期的经济效益，但是这种经济效益具有不确定性。无形资产发生的支出，属于资本性支出。

05 资产和资本，不只一字之差

资产和资本，只有一字之差，但概念却完全不同。两者有着一定的联系，也有本质的区别。（如图2-4所示）

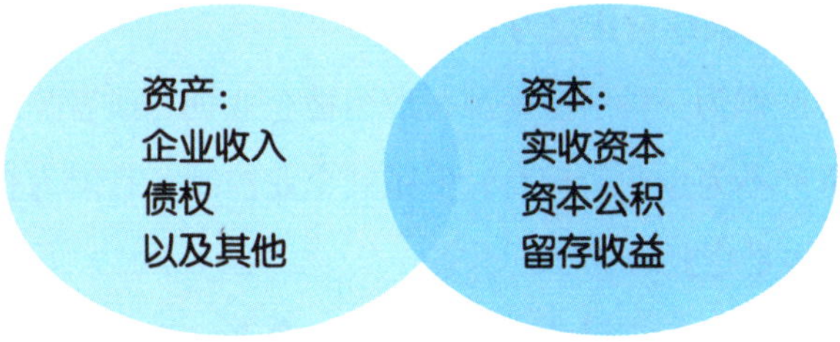

资产：
企业收入
债权
以及其他

资本：
实收资本
资本公积
留存收益

图 2-4　资产与资本的区别

资产是由企业拥有或控制的、用于生产经营活动，且能为企业带来经济利益的资源。而资本是投资者对企业的投入，是企业为了购置从事生产经营活动所需的资产的资金来源。

两者的联系在于，资产源于资本，资产也可以增加资本。资产的合理配置，可以增加资本的积累。而资本的增加，也源于企业资产的良好运用。

下面我们分别来了解资产和资本。

一、资产

资产是企业、自然人、国家拥有或者控制的、能以货币来计量收支的经济资源，包括企业的收入、债权以及其他。

资产是会计最基本的要素之一，是财务会计的基础。在会计恒等式中，资产=负债+所有者权益。

也就是说，资产是放进企业口袋中的钱，而负债则是从企业口袋中拿出来给别人的钱。

资产具有以下三个特征。

第一，资产要按照预期为企业带来经济效益，即直接或间接使资金或现金流入企业，或是转换为现金、现金等价物的形式，或是减少现金或现金等价物的流出。

即使是前期已经确认为资产的项目，如果不能在未来为企业带来经济利益，那么也不能继续被认定为资产。

第二，资产作为一种经济资源，应当被企业拥有或者控制。在一些情况下，某些资产不为企业所拥有，但是被企业控制，且能为企业带来经济利益，那么它也是企业的资产。

第三，只有过去的交易或事项才能产生资产，企业在未来发生的交易或者事项不能形成资产。比如，企业有意愿购买某项存货，但是购买行为还未发生，那么这项存货就不属于企业资产。

资产应当被列入资产负债表中，但是资产的确认是有条件的，主要有两点。其一，与该资源有关的经济利益可能流入企业；其二，该资源的成本或价值能被可靠地计量。只有符合资产的定义，且满足资产确认条件的项目，才能被列入资产负债表中。有些项目虽然符合资产定义，但是不能满足以上条件，那么也不能被列入资产负债表中。

在进行资产负债表编制时，应该分列资产方和权益方，资产方分为流动资产和非流动资产两大类，权益方分为负债和所有者权益两大类。

二、资本

资本是所有者用于投资、投入生产经营且能产生经济效益的资金。

资本是企业生产经营活动得以顺利进行下去的一个基本要素，也就是说，想要创建企业，就必须具备一定的资本条件；企业想要生存，就需要保持一定的资本规模；企业想要发展壮大，就需要不断地扩大资本规模。

会计上的资本则是指所有者权益中的投入资本，即实收资本和资本公积。在资产负债表中，按照其构成来划分，所有者权益可以分为实收资本、资本公积和留存收益三类。

接下来，我们主要介绍实收资本和资本公积。

第一，实收资本。

实收资本是企业实际收到的投资者投入的资本，是企业注册登记的法定资本总额的来源。

实收资本按照投资主体的不同，可以分为国家资本、集体资本、法人资本、个人资本、港澳台资本和外商资本等。按照投资形式的不同，可以分为货币资金、实物、无形资产。

这里我们要区分实收资本和注册资本，两者是不同的概念，但是在我国的会计制度下，实收资本和注册资本金额是相等的。如果一次性筹资，那么投入资本和注册资本相等；如果分期筹资，那么所有者在最后一次缴入资本之后，投入资本和注册资本相等。

实收资本是投资者按照企业章程或合同、协议的约定，实际投入到企业的各种资产，一般情况下不需要偿还。而注册资本是企业设立时，法人必须要具备的必要财产，具有法律的强制性。

第二，资本公积。

资本公积是在生产经营过程中，企业因为接受捐赠、股本溢价以及法定财产重估增值等原因所形成的公积金。资本公积是归投资者所有的、超过法定资本的那一部分资本，包括资本（股本）溢价、其他资本公积、资产评估增值、资本折算差额。

一般来说，资本公积会直接导致企业净资产的增加，一部分可以转增资本，比如资本（或股本）溢价、接受现金捐赠，还有一部分不可以转增资本，比如接受捐赠非现金资产准备和股权投资准备等。可以说，资本公积的主要用途就是转增资本，改变企业的资本结构，帮助企业持续健康地发展；同时，它还可以增加投资者的股份，增加企业股票的流通量。

除此之外，我们还需要了解一点：资本是投资者对于企业的投入，出现在资产负债表中的右侧，可以分为债务资本与权益资本，前者属于债权人，后者属于所有者（股东）。对于资本来说，企业不具有所有权。

总之，资产和资本代表着完全不同的内涵，资产是企业通过交易事项形成的资源，来源可能是企业直接购入的、生产的以及建造的。只要是企业拥有的且能为企业带来经济效益的项目，都属于企业的资产。而资本是投资者投入的"本钱"，是能产生效益的资金。在阅读和分析财务报表时，我们一定把他们区分开，不能混淆。

06 长期负债到底有多"长"

在资产负债表中，长期负债具有非常重要的地位。

那么，长期负债究竟有多"长"，它与短期负债的区别有哪些呢？

偿还期在一年或一年以上的一个营业周期以上的债务，都属于长期负债。

长期负债的金额比较大，期限比较长，所以能使企业保持良好的资本结构，同时也能增强企业的偿债能力。

一、长期负债的分类

按照不同的分类标准，长期负债可以分为以下三类。

按照筹集方式的不同，可以分为长期借款、公司债券、住房基金和长期应付款等。

按照偿还方式的不同，可以分为定期偿还的长期负债和分期偿还的长期负债。

按照债务是否有抵押，可以分为抵押长期负债和信用借款。

二、长期负债的特征

长期负债有以下三个特点。

第一，短期偿债能力是长期偿债能力的基础，因为只有保证企业具有较强的短期偿债能力，不会被破产清算，才能保证长期负债能够被偿还。

第二，因为长期负债的金额比较大，所以本金的偿还必须经过一个积累的过程。企业的获利能力，是与长期偿债能力密切相关的。

第三，企业的资本结构直接受到长期负债的影响，所以考察企业的长期债务是否合理，不仅要考虑偿债能力，还需要考虑资本结构的合理性。

三、资产负债表中主要的长期负债项目

长期负债主要分为以下三个项目。

第一，长期借款。

长期借款是企业向银行和非银行金融机构或其他单位借入的借款，期限在一年以上。

长期借款不仅可以弥补企业流动资金的不足，还可以保证企业正常生产经营所需垫底资金的充足。长期借款一般用于固定资产投资、生产技术的更新改造、科技开发和新产品试制等，借款成本比较高，利率通常高于短期借款，筹资风险比较大。

第二，应付债券。

应付债券是企业为筹集长期使用资金而发行的、期限在一年以上的应付长期债券。

应付债券是企业筹集长期资金的一种重要方式，债券的价格直接受到同期银行存款利率的影响。一般来说，企业可以按照面值、溢价和折价发行债券，到期时需要向债券的持有人支付本钱和利息。

第三，长期应付款。

长期应付款是指期限在一年以上，企业应付给其他单位的款项，主要包括应付补偿贸易引进设备款和应付融资租入固定资产租赁费等。

补偿贸易引进设备款是指企业通过补偿贸易，可以先获得设备，暂时不付款，等设备投产后，再用其生产的产品来归还设备款项。所以，当企业得到设备后就产生了长期负债。融资租入固定资产租赁费是指企业按照融资租赁的方式租入固定资产，当固定资产租入时，就产生了一笔长期负债。

四、长期负债和短期负债的区别

长期负债和短期负债有哪些区别呢？

很显然，这两者的偿还期是不同的。短期负债，也叫作流动负债，是一年内或超过一年的一个营业周期内偿还的债务。而长期负债是超过一年的债务。

除此之外，两者还有三点不同。（如图2-5所示）

两者资金成本不同

两者财务风险不同

对于企业影响不同

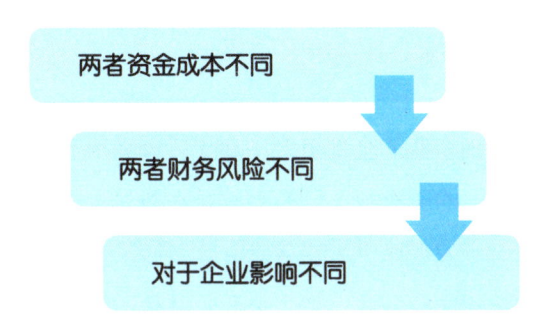

图 2-5　长期负债和短期负债的区别

第一，两者资金成本不同。

与短期负债相比，长期负债的成本比较高。因为长期负债的利率要比短期负债高，同时长期负债缺少弹性，在债务期间，即使企业没有资金需求，也不能提前偿还，需要持续支付利息。

第二，两者财务风险不同。

与短期负债相比，长期负债的风险比较低。因为偿债期限短，短期负债有到期不能偿还本金的风险，同时利用短期负债来筹集资金，利息成本具有不确定性。一旦金融市场上利率上涨，其利息成本就会增加。

第三，对于企业影响不同。

长期负债影响企业资本结构的合理性，所以对于长期债务不仅要考虑企业的偿债能力，还要保持企业良好的资本结构。而短期负债影响企业的价值，所以对短期负债要考虑其各种资金的比例，是否存在财务风险。

07 所有者权益——"没人能动我的奶酪"

所有者权益是指企业的全部资产中属于投资者所有的那一部分，即投资者对于企业净资产的所有权。所有者权益在数量上等于全部资产减去全部负债的余额。

所有者权益包括实收资本、资本公积、其他综合收益、盈余公积和未分配利润等。按照我国的会计制度，所有者权益主要分为两部分：第一部分是生产经营前的投入资本；第二部分是生产经营过程中形成的公积金、公益金和未分配利润。

而所有者投入的资本，则包括企业注册资本或者股本的部分，也包括投入资本超过注册资本或股本的部分，后者也就是资本溢价或股本溢价，即资本公积。

所有者权益主要来源于所有者投入的资本、直接计入所有者权益的利得和损失、留存收益等。

利得是指企业非日常活动所形成的，与所有者投入资本无关的经济利益的流入。利得可以使所有者权益增加，主要包括直接计入所有者权益的利得和直接计入当期利润的利得。

损失是指企业非日常活动所发生的，与所有者分配利润无关的经济利益的流出。损失可能导致所有者权益的减少，主要包括直接计入所有者权益的损失和直接计入当期利润的损失。

前面我们已经介绍了实收资本、资本公积，这里就不再重复了。

需要注意的是，投资者实际投入的资本有不同的形式，包括实物资产、货币资产和无形资产等。其中实物资产包括固定资产和存货；货币资产包括现金及银行存款；而无形资产包括专利权、商标权、非专利技术、著作权、土地使用权等。

接下来，我们来具体了解其他综合收益、盈余公积和未分配利润的情况。

一、其他综合收益

其他综合收益包括以公允价值计量且其变动计入其他综合收益的金融资产和按照权益核算的、被投资单位其他综合收益中所享有的份额导致的其他资本公积的增加或减少，如对合营或联营企业投资而导致的其他综合收益的增加、境外经营外币报表折算差额的增加或减少。

二、盈余公积

盈余公积是企业按照规定从税后利润中按法定比例提取的、存留于企业内部的积累资金。

按照用途的不同，盈余公积可以分为公益金和一般盈余公积两类。公益金是企业专门用于职工福利设施的支出，应该按照税后利润的5%~10%的比例提取。一般盈余公积则可以分为法定盈余公积和任意盈余公积两种。

盈余公积有三种用途。（如图2-6所示）

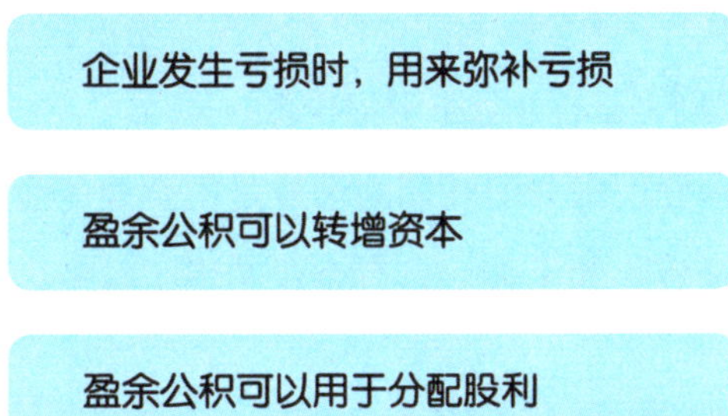

企业发生亏损时，用来弥补亏损

盈余公积可以转增资本

盈余公积可以用于分配股利

图2-6　盈余公积的三大用途

第一，企业发生亏损时，用来弥补亏损。

企业发生亏损时，可以用以后五年内实现的税前利润来弥补。如果经过五年之后，企业还未弥补亏损，剩余的部分可以用税后利润来弥补。除此之外，企业用盈余公积弥补亏损时，应该由董事会提议，需经过股东大会的批准，否则不能进行弥补。

第二，盈余公积可以转增资本。

如果企业想要把盈余公积转增资本，必须经股东大会批准，按照股东原有持股比例来进行结转，但是转增后留存的盈余公积不能少于注册资本的25%。

第三，盈余公积可以用于分配股利。

企业没有获得利润的情况下，盈余公积弥补亏损后，如果有结余，可以用盈余公积来为股东分配股利。但是，分配股利时，股利率不能超过股票面值的6%，法定盈余公积不得低于注册资本的25%。

另外，当法定盈余公积达到注册资本的50％时，企业可以不再提取盈余公积。

三、未分配利润

未分配利润是指企业留待以后年度分配或待分配的利润。在数量上，未分配利润等于期初未分配利润加上本期净利润，减去提取的各种盈余公积和分配的利润。

在资产负债表上，未分配利润金额大于零，表示企业属于盈利状态，如果金额小于零，则表示企业处于亏损状态。

与盈余公积一样，未分配利润的形成是由企业的生产经营活动决定的，与投资者的投资行为无关。只有企业实现了盈利，才能形成未分配利润。

总之，所有者权益就是股东投入的资本，是企业所拥有的净资产。所有者权益是企业逐渐积累下来的静态值，受到企业战略和分配政策的影响。如果所有者权益发生了变动，就等于改变了股东的收益，所以，所有股东也非常重视这一财务指标。换句话说，股东根据所有者权益表的变动信息，就可以一目了然地了解自己的收益是增加了还是减少了，自己的权益是否能得到保障。

第三章

把脉利润表
——掌握利润增长的核心

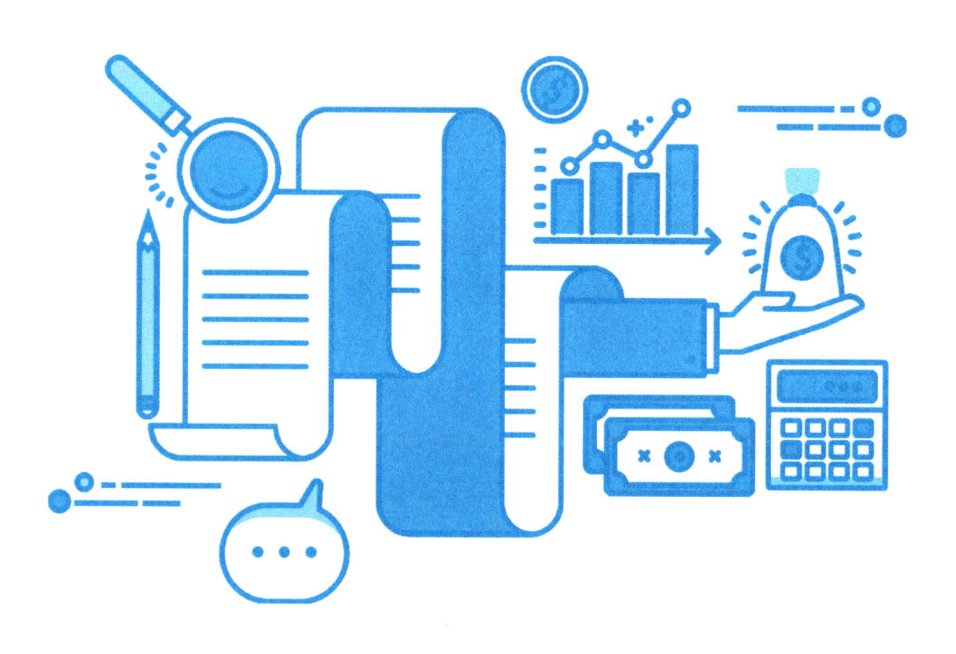

01 不可不察的企业成绩单

利润表反映企业一定期间内盈利或亏损的情况，可以说是企业的成绩单。在这张成绩单上，我们可以了解企业利润的形成过程，也可以了解利润的计算过程。

在数量上，利润等于收入减去费用，同时包括当期的利得和损失。只有在经济利益流入，导致资产增加或者负债减少，且流入额能够可靠计量时才能确认收入。而符合收入定义和收入确认条件的项目，被列入利润表中。只有在经济利益流出，导致资产减少或者负债增加，且流出额能够可靠计量时才能确认费用。而符合费用定义和费用确认条件的项目，被列入利润表中。

在利润表中，利润金额取决于收入和费用以及直接计入当期利润的利得和损失的金额。利润项目应当列入利润表中，反映了企业某一段时间内的经营成果，报表使用者可以通过这些项目了解企业的经营业绩、盈利的规模与结果，判断企业的投资风险与投资报酬等。

一、利润表的格式

利润表的格式如表3-1、表3-2所示。

表3-1 利润表（单步式）

编制单位：　　　　＿＿＿＿年＿＿＿＿月　　　　单位：元

项目	行次	本月数	本年累计数
一、收入			
主营业务收入			
其他业务收入			
投资收益			
营业外收入			
收入合计			
二、支出			
主营业务成本			
主营业务税金及附加			
其他业务支出			
营业费用			
管理费用			
财务费用			
投资损失			
营业外支出			
支出合计			
三、利润总额			

表3-2 利润表（多步式）

编制单位：　　　　　　　____年____月　　　　　单位：元

项目		
一、主营业务收入		
减：主营业务成本		
主营业务税金及附加		
二、主营业务利润		
加：其他业务利润		
减：营业费用		
管理费用		
财务费用		
三、营业利润		
加：投资收益		
补贴收入		
营业外收入		
减：营业外支出		
四、利润总额		
减：所得税		
减：少数股东损益		
五、净利润		

我们可以看出，利润表中各收支项目是根据其在生产经营活动中的重要程度来排列的，以营业收入为开始，接着反映企业利润的构成，最后计算出净利润。可以用三个公式来表示利润表的内容构成：

营业利润=营业收入−营业成本−营业税金及附加−销售费用−管理费用−财务费用−资产减值损失+公允价值变动收益+投资收益。

利润总额=营业利润+营业外收入−营业外支出。

净利润=利润总额−所得税费用。

二、利润表的作用

可以说，读懂这张利润表，就可以了解企业盈利与否，盈利能力如何，是否能长期盈利。对于投资者、股东来说，读懂企业利润表，有四个作用。

第一，读懂利润表，可以了解企业的经营业绩和盈利能力。

在利润表中，可以体现企业在生产经营过程所取得的各项收入、所发生的各项费用以及经营成果。通过对经营成果的分析，报表使用者能够清晰地看到企业的经营情况，具体是盈利还是亏损，盈利或亏损的金额是多少以及盈利或亏损的原因是什么。

同时，报表使用者还可以全面地了解在企业所拥有的经济资源中，有哪些可以利用，当期占用的资源是带来利得还是造成损失。

第二，读懂利润表，可以了解企业的利润结构。

根据利润表，报表使用者可以了解企业的三点情况。

（1）可以了解企业一定会计期间内利润的收支结构，即不同性质收入及支出的具体情况。

（2）可以了解企业利润的业务构成，即利润总额中有多少是营业利润，有多少是营业外收支。

（3）可以了解企业在日常经营活动中，营业业务的收入、支出情况，资产减值损失和公允价值变动带来的损益、对外投资的收益或损失等。

通过这些信息，报表使用者可以进一步分析出企业的盈利水平如何，盈利是否稳定，是否能持续保持上涨的趋势，最终分析出企业的财务安全性。

第三，读懂利润表，可以预测企业的未来发展趋势。

利润表中列示了上年度和本年度的收入、支出和利润总额，以及各月底的收入、支出和利润总额。通过不同时期同一项目的纵向比较，可以看出企业经营成果的发展趋势以及盈利水平提升还是降低。

对于企业经营者来说，可以根据利润表来确定企业是否完成利润目标、完成情况如何，再分析未完成利润目标的原因，想办法提高企业的盈利能力。而对于投资者和债权人来说，可以根据利润表来分析企业的绩效、盈利情况，判断是否进行投资、是否需要贷款以及投资和贷款的规模。

第四，读懂利润表，可以了解企业利润和亏损形成的原因。

根据利润表中的项目以及项目之下的明细资料，同时结合资产负债表、现金流量表，可以掌握企业盈利或亏损的形成原因，利润的分配情况以及年末未分配利润的结余情况。而通过分析利润表，报表使用者可以掌握企业利润增长的核心，做出正确的决策。

三、利润表的局限性

与资产负债表一样，利润表也具有一定的局限性，具体表现在五个方面。

第一，利润表采用货币计量的方式，但一些无法可靠计量的信息无法在利润表中列示。

第二，企业所耗用的资产按照取得时的历史成本转销，收入按照现行价格计量，使收益的计量不具备逻辑上的统一性。当物价上涨时，使企业的持有收益及营业收益无法区分，形成虚盈实亏、虚利实分的现象。

第三，很多费用采用估计数，比如坏账费用、产品售后服务成本、折旧年限、残值以及或有损失等，导致会计信息不完全可靠。

第四，允许采取不同的会计方法，比如存货计价可以按照先进先出法，也可以按照后进先出法，这会使企业收益受到一定的影响。

第五，利润表中的项目一般按照功能的不同来分类，而不是按照活动水准分类，可能会影响报表使用者对于未来利润及现金流量的预测。

02 利润表的编制

在利润表中,金额栏包括"本期金额"和"上期金额"两栏,每个具体项目都需要填列本期和上期金额。

一、利润表的编制方法

利润表的金额栏分为"本期金额"和"上期金额"两栏,其中"上期金额"栏各项目应该根据上期利润表中的"本期金额"栏来填列。(如图3-1所示)如果项目名称、内容有变化,应该根据规定调整相关项目的内容和金额,调整后的金额填入本期利润表中的"上期金额"栏中。

项目	本期金额	上期金额
营业收入		
营业成本		
营业税金及附加		
销售费用		
管理费用		
财务费用		
资产减值损失		
投资收益		
营业外收入		
营业外支出		

图 3-1 利润表的格式

"本期金额"栏的填列方法有四种。

第一，直接根据账户期末转入本年利润账户的余额填列。如销售费用、管理费用、财务费用等项目可以直接根据相应账户期末转入本年利润账户的余额填入相关项目。

第二，根据账户期末结转本年利润账户的余额计算填列。比如，营业收入要根据"主营业务收入"与"其他业务收入"账户期末结转本年利润账户的合计金额填入"营业收入"项目。

第三，根据表内项目计算填列。比如，营业利润、利润总额等项目需要根据表内相关项目的合计金额填入。

第四，根据有关资料计算填列。比如，基本每股收益需要根据当期净利润和普通股加权平均数计算的金额来填入。

二、利润表中主要项目的内容和填列

利润表中主要项目共计十项，接下来我们将一一介绍这些项的内容和填列。

第一，营业收入。

营业收入应当根据主营业务收入账户与其他业务收入账户期末转入本年利润账户余额的总和来填列，反映了当期确认的营业收入金额。

第二，营业成本。

营业成本应该根据主营业务成本账户与其他业务成本账户期末转入本年利润账户余额的总和来填列，反映了当期确认的营业成本金额。

第三，营业税金及附加。

营业税金及附加应该根据营业税金及附加账户期末转入本年利润账户的余额填列。

第四，销售费用。

销售费用应该根据销售费用账户期末转入本年利润账户的余额填列。

第五，管理费用。

管理费用应该根据管理费用账户期末转入本年利润账户的余额填列。

第六，财务费用。

财务费用应该根据财务费用账户期末转入本年利润账户的余额填列。

第七，资产减值损失。

资产减值损失应该根据资产减值损失账户期末转入本年利润账户的余额填列，反映了企业当期因为计提资产减值准备而确认的损失。

第八，投资收益。

投资收益应该根据投资收益账户期末转入本年利润账户的余额填列，反映了企业当期确认的净投资收益或净损失。净损失用"-"号表示。

第九，营业外收入。

营业外收入应该根据营业外收入账户期末转入本年利润账户的余额填列。

第十，营业外支出。

营业外支出应该根据营业外支出账户期末转入本年利润账户的余额填列。其中，非流动资产处置净损失(或收益)应该按照相应的明细账余额单独填列，净收益用"-"号表示。

03 利润表中隐藏的企业盈利结构

企业的盈利结构是指企业利润中各种不同性质盈利的搭配比例，盈利结构一方面表现出企业的利润是由哪些盈利项目组成的；另一方面表现出不同的盈利在总利润中所占的比例是多少。

不同的盈利项目对于企业的盈利能力影响是不同的，不同的盈利项目所占的比重不同，对于企业的盈利能力影响也是不同的。

事实上，企业利润的形成是复杂的，主要包括主营业务利润、其他业务利润、投资净收益、营业外收支净额等。一个合理的盈利结构，应该是主营业务利润占绝大比重的。因为只有保持主营业务利润水平，才能保证企业能持续不断地进行生产经营，才能具有持续不断的再生特性的利润。而那些非主营业务利润，比如营业外收支净额的持续性和稳定性都比较差，就算利润再高，也可能无法保证企业持续发展。

企业利润主要有四个重要组成部分，包括主营业务利润、其他业务利润、投资净收益和营业外收支净额。（如图3-2所示）

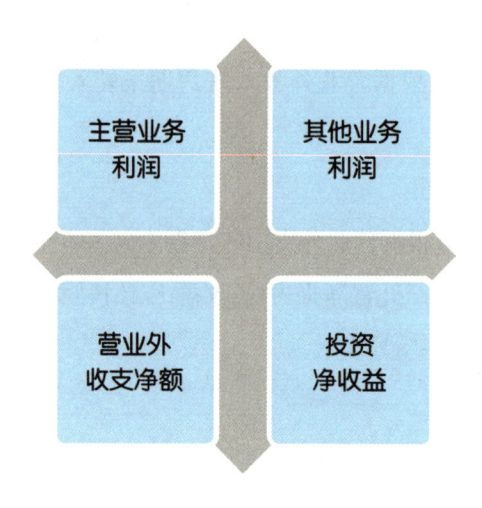

图 3-2 企业利润的重要组成部分

一、主营业务利润

主营业务利润是企业利润的主要来源，即主营业务收入减去相关的主营业务成本、主营业务税金及附加的余额。

主营业务利润是企业利润中所占比重比较大的部分，可以反映企业所在行业的经营特点，也是分析企业盈利能力的关键因素。企业投入的大部分资金都是为了实现增加主营业务利润这一目标，从另一方面来说，主营业务经营得好坏以及是否能持续创造利润，关系到企业的生存和发展。如果企业利润中主营业务利润占的比重大，那么说明企业盈利结构的安全性比较高，经营风险和财务风险较小。

同时，因为不同行业的业务特点是不同的，所以主营业务也是不同的，主营业务利润的构成也不同。比如，工业企业的主营业务利润是产品销售收入减去产品销售成本、产品销售费用和产品销售税金及附加的余额。而商业企业的主营业务利润是商品销售收入减去商品销售成本、经营费用和商品销售税金及附加的余额。

可以说，从利润表中，我们可以了解企业的主营业务是什么，主营业务利润是多少，所占总利润的比重是多少，进而分析企业盈利结构是否合理，企业的利润是否具有较大的波动性，盈利是否具有稳定性和持续性。

二、其他业务利润

其他业务利润是除了主营业务活动以外的，其他业务活动所取得的收益。其他业务利润是其他业务收入减去其他业务成本、产生的相关费用支出以及负担的销售税金及附加的余额。

其他业务收入主要包括材料物资的销售收入、无形资产转让收入、固定资产出租收入、运输收入、废旧物的销售收入等。其他业务收入是企业营业收入的一部分，是企业非主营业务活动的最终经营成果。

其他业务成本和费用包括销售材料的成本、其他业务应负担的税金等。

其他业务利润可以增加企业的利润总额，但是因为所占比重比较小，一般很难影响企业的盈利结构。因为其他业务活动的波动比较大，所以其稳定性比较差。

三、投资净收益

投资净收益是企业对外投资所获得的净收益，是投资收益减去投资损失的余额。

投资收益包括对外投资所获得的利润、股利和利息等投资收入，还包括到期收回或中途转让投资所取得的款项。投资损失则包括企业到期收回中途转让投资所取得的款项小于实际投资金额（账面净值）的余额。

四、营业外收支净额

营业外收支差额是与企业无直接关系的营业外收入与营业外支出的差额。营业外收入包括固定资产盘盈及出售净收益、罚款收入、因债权人原因而无法支付的应付款项、教育费附加返还款等。

虽然营业外收支与企业生产经营活动联系比较小，但是也可以为企业带来收益，增加企业的利润总额以及净利润。在关注利润表时，我们需要了解营业外收支的情况，但是也需要明白，营业外收支并不影响企业的盈利结构，只要尽可能控制营业外支出的发生，避免企业的经济利益损失即可。

在日常生产经营过程中，我们总是强调利润最大化，并且把它当作企业经营的重要目标。但事实上，企业按照权责发生制原则核算出来的利润，一般都带有一定的"水分"。想要构造企业良好合理的盈利结构，减少盈利的风险性，就需要着重发展主营业务，保证主营业务利润所占比重维持在较高的水平。

假设企业对外投资行为越来越频繁，投资收益的数量也持续增加，那么企业的营业外收支净额就会发生变化，进而导致主营利润比重不断下降，这样一来企业的盈利结构就会变得不合理，盈利模式越来越不稳定，经营风险也会越来越大。

那么，企业盈利结构对于企业的盈利究竟有哪些影响呢？主要体现在四方面。

第一，盈利结构影响企业的盈利水平。

一般来说，主营业务是形成企业利润的主要因素，决定企业盈利水平的高低。在一定时期内，企业主营业务不断扩展，主营业务利润占总利润比重不断提高，企业盈利水平也会不断提高。

通过对企业盈利结构的分析，我们不仅可以了解企业盈利水平的高低，还可以预测其未来盈利水平变化趋势，进而做出准确的投资决策。

第二，盈利结构影响企业盈利的稳定性。

盈利水平代表了企业的收益率，而盈利稳定性则代表了企业盈利的风险大小。

企业盈利水平高，并不意味着盈利稳定性强。如果盈利水平高，但是盈利水平波动性比较大，那么相应地风险也会比较大。这意味着企业现在可能是盈利的，但是在未来的某一个时刻很有可能亏损，无法保持持续盈利。

盈利的稳定性，是由收支结构的稳定性决定的。当企业收入增长不低于支出增长时，盈利就具有稳定性；当企业的收入不断增长，但支付不断下降时，其盈利也是稳定的。另外，主营业务的收入保持稳定，也是企业盈利稳定的保障。

所以，在阅读和分析利润表时，我们要关注企业主营业务利润是否稳定，收入增长是否高于支出增长，或收入是否持续增长。

第三，盈利结构影响企业盈利的持续性。

盈利的持续性和稳定性是有区别的，持续性是盈利水平能较长时间地保持下去，而稳定性是盈利在持续时不发生较大的波动。

企业的业务分为经常性业务和临时性业务。企业主要依靠经常性业务来保持盈利水平的持续性，而临时性业务的利润即使再高也无法保持盈利水平的持久性。所以，我们要关注企业的主营业务，确保主营业务的利润比重不断增大而且长时间地保持下去。

第四，盈利结构决定盈利是否保持不断增长的趋势。

企业的盈利是否能保持不断增长的趋势，与企业产品所处的产品市场生命周期有关，处于成长期和繁荣期的产品，为企业带来的收益是不断提升的；而处于衰退期的产品，为企业带来的收益是逐渐下降的。

所以，我们要关注企业主营业务的产品处于哪一阶段，当产品即将进入衰退期时要积极开发新产品，调整生产经营策略或提高生产的技术水平，这样才能确保企业持续盈利。

04 要收入，还是要利润

收入和利润，都是财务报表中非常重要的要素。

很多企业管理者在阅读财务报表时，发现企业收入很高，但是利润却很少，甚至企业处于亏损状况。这是因为管理者不清楚收入和利润的区别，误认为企业收入增加了，就是盈利了。事实上，想要企业盈利，管理者不能只关注收入，而是应该想办法提高利润。

接下来我们来详细了解收入和利润的具体内容。

一、收入

收入是指企业在日常生产经营活动中经济利益的总流入。在利润表中，按照收入内容的不同，可以分为营业收入、公允价值变动损益、投资损益。

营业收入主要由两部分构成，即主营业务收入和其他业务收入。在之后的篇章中我们将详细阐述，这里不再赘述。

公允价值变动收益是指企业以各种形式投资，如投资性房地产、债务重组、非货币交换、交易性金融资产等公允价值变动形成的应计入当期损益的利得与损失相抵后的净额。通过公允价值变动损益的列报，我们可以从利润表中了解企业的收益情况，明确某项收益属于经营性收益还是非经营性收益。

投资损益是指企业对外投资活动所产生的收益与损失相抵后的净额。无论是长期投资还是短期投资，企业都将获得一定收益，比如，购买股票、债券获得的收益，而这种收益也促使企业进一步扩大对外投资的规模。

对于企业来说，收入的确可以为企业带来经济效益，但是抵减成本费用之后，才是企业最后的利润。而企业盈利的大小，通俗来说，也就是赚多少钱，也是由利润来决定的。

二、利润

利润反映的是收入减去费用或利得减去损失后的净额。利润的确认主要由收入和费用、利得和损失来决定，利润金额的确定也取决于收入、费用、利得、损失金额的计量。

在利润表中，与利润有关的主要有四个相关项目，即主营业务利润、营业利润、利润总额和净利润。（如图3-3所示）关于主营业务利润，我们已经在上文进行了详细的阐述，这里就不再赘述。需要注意的是，企业的主营业务利润与企业的产品、主营业务规模、成本、费用控制程度有着密切的关系。如果企业的主营业务利润很高，则说明该企业产品发展前景较好，具有很好的销货规模和很高的市场占有率。如果企业主营业务利润很低，则说明其主营业务规模小，或成本、费用比较高。企业想要增加主营业务利润，就需要观察产品质量及其发展前景，同时需要积极扩大规模，并降低成本。

图 3-3　与利润相关的四个项目

接下来，我们将介绍除主营业务利润以外的其他三个相关项目。

第一，营业利润。

营业利润是主营业务利润加上其他业务利润，减去营业费用、管理费用和财务费用后的余额。营业利润的计算公式为：营业利润=主营业务利润+其他业务利润-营业费用-管理费用-财务费用。

营业利润可以反映企业的经营管理水平，一般来说，营业利润越高，说明企业的经营管理水平较高，经济效益越好；营业利润越低，企业的经营管理水平较低，经济效益越不好。

当企业的营业利润额较高，企业在进行多元化经营时，其他业务利润可以弥补主营业务利润低的缺陷。但是如果其他业务利润额比主营业务利润额高的时候，企业就需要调整产业结构，避免产生经营风险。

而当企业营业利润额较低时，企业需要分析主营业务利润的高低、多元化经营状况以及期间费用的多少。如果期间费用较高，营业利润较低，企业就需要分析营业费用、管理费用和财务费用的构成是否合理，想办法降低费用，进而提高营业利润。

第二，利润总额。

利润总额是企业在一定时期内，生产经营活动所取得的最终结果。比如，工业企业的利润总额包括销售利润和营业外净收支。

利润总额的计算公式为：

利润总额=营业利润+营业外收入-营业外支出。

利润总额是衡量企业经营业绩的一项重要指标，我们所说的盈利就是指企业的利润总额大于零。

当利润总额大于零时，企业一年的收入大于支出，那么企业就实现了盈利；当利润总额小于零时，企业的收入小于支出，企业则发生了亏损；而当利润总额等于零时，企业一年的收入与支出相等，就是既没有盈利也没有亏损。但是所有企业的最终目的就是实现盈利，所以管理者需要提高利润总额，减少支出。

第三，净利润。

净利润是企业利润总额减去所得税后的余额，也就是企业的税后利润。净利润是衡量企业经营效益最重要的指标，净利润高，企业经营效益好；净利润低，企业经营效益就不好。

对于投资者来说，净利润是其获得投资回报大小的因素；而对于企业管理者来说，净利润则是其进行决策的依据。

一般来说，企业的营业利润较高，其利润总额和净利润也会较高。但是，当企业利润总额和净利润不是由营业利润获得的，就说明企业的产业结构存在着问题，我们必须分析企业利润实现的真实性和持续性。当营业利润较低，企业依靠投资收益来实现盈利时，即使企业盈利，管理者也应该重视起来，分析内部经营管理是否存在问题。

总之，利润是企业盈利的表现形式，是企业经营成果的反映。因此，我们要更多地关注企业的利润，尤其是主营业务利润、利润总额和净利润，在经营过程中提高经营管理水平，实现利润的最大化，进而使得企业经济效益最大化。

05 营业收入怎么计算

营业收入是指企业在一定时期内从事经营业务取得的收入，包括主营业务收入和其他业务收入。

营业收入用公式表示为：营业收入=主营业务收入+其他业务收入。

主营业务收入是企业从事本行业生产经营活动，经常性的主要业务所取得的营业收入，如商业企业的商品销售收入、生产加工企业的产品销售收入、服务业的服务收入、仓储企业的仓储收入、运输企业的运费收入和代办运输收入等。

其他业务收入是除了主营业务收入之外的其他业务收入，如材料销售收入、外购商品销售收入、提供劳务性作业收入、房地产开发收入、担保收入等。

营业收入的计入格式如表3-2所示。

表3-2 营业收入的编制

营业收入

编制　　　　　＿＿＿年＿＿＿月　　　　　单位：元

项目	本期发生额	上期发生额
1. 主营业务收入		
2. 其他业务收入		
合计		

在利润表中，企业销售商品或提供劳务实现的收入，应该按照实际收到或应收的金额，借记"银行存款""应收账款""应收票据"等科目，按确认的营业收入，贷记本科目。而本期（月）发生的销售退回或销售折让，按应冲减的营业收入，借记本科目，按实际支付或应退还的金额，贷记"银行存款""应收账款"等科目。

同时，企业确认的其他业务收入，借记"银行存款""其他应收款"等科目，贷记本科目。

营业收入是企业再生产活动正常进行的基础，是补偿企业的各种耗费的资金来源。同时，营业收入是企业的主要经营成果，在企业收入中占较大的比重，也是企业取得利润的重要保障。在日常生产经营中，管理者要加强对营业收入的管理，保障企业可以获得充足的现金流入。同时，只有加强对营业收入的管理，才能促使企业提高盈利水平，增强竞争力，避免出现不适应市场需求的变化，避免出现经营上的危机。

哪些因素会影响企业的营业收入呢？主要包括四个因素。其一，产品销售价格和销售数量，直接影响营业收入的多少；其二，销售退回，即营业收入已经实现后，由于购货方对于产品的品质或质量不满意而向企业退货时，企业就需要退回货款；其三，销售折扣，即企业根据购货方的订货数量和付款时间而给出的价格优惠；其四，销售折让，即因为商品的品种、规格或质量不符合合同的规定，而给予收购方一定比例的价格减让。

不过需要注意的是，按照现行《企业会计制度》的规定，利润表中的"主营业务收入"项目已经扣除了销售折扣与销售折让。

从企业的利润表中可以看出企业的经营能力和经营成长性。众所周知，经营能力是企业综合竞争力的重要内容，而企业经营能力的强弱受到很多因素的影响，而这些因素对企业经营的影响最终都体现在经营业绩上。

其中，主营业务收入直接体现了企业的市场占有率，一般来说，在市场容量确定的情况下，企业的主营业务规模越大，产品市场占有率就越高，经营能力和竞争能力就越强。同时，如果企业的市场扩大，主营业务的收入增长，但是相关营业利润下降，企业的经营能力也无法增强。也就是说，我们不能只关注主营业务收入的增长或是营业收入的增长，还要关注企业主营业务利润或营业利润的增长。就像我们在前文中所说，不仅要收入，更要利润。

另外，经营能力是一个静态的概念，观察企业的发展，我们还需要分析企业的经营成长性。所以，企业管理者需要关注企业未来的、持续的增长能力和发展能力。

与之相对的是，企业主营业务收入增长越快，说明企业生产和发展能力提高得越快。我们要关注主营业务收入的增值率，确认企业产品处于成长期、成熟期还是衰退期，从而判断企业是否能持续地发展。

06 营业成本不减少，何谈增加利润

营业成本是企业销售商品或提供劳务所支出的成本，包括销售材料的成本、出租固定资产的折旧额、出租无形资产的摊销额、出租包装物的成本等。

营业成本和营业收入是直接相关的，可以分为主营业务成本和其他业务成本。

主营业务成本是企业销售商品、提供劳务等经常性活动所发生的成本。一般来说，企业确认销售商品或提供劳务等主营业务收入时，或是在

月末把已销售商品或已提供劳务的成本转入主营业务成本。

其他业务成本是除了主营业务活动之外,其他经营活动所发生的成本,包括销售材料的成本、出租固定资产的折旧额、出租无形资产的摊销额、出租包装物的成本或摊销额等。

企业销售产品、提供劳务的营业成本是由生产经营成本形成的,对于工业企业来说,产品成本也叫作制作成本,主要包括直接材料、直接工资、其他直接支出、制造费用等。其中,直接材料是指生产经营过程中实际消耗的、直接用于产品生产的材料,包括原材料、辅助材料、备品备件、外购半成品、燃料、动力、包装物等。直接工资包括企业直接从事产品生产人员的工资、奖金、津贴和补贴等。其他直接支出则是从事产品生产人员的福利费用。

对于企业来说,营业成本的高低直接决定了企业的利润。因为营业利润是主营业务收入减去主营业务成本和主营业务税金及附加,加上其他业务利润,减去营业费用、管理费用和财务费用后的金额。营业成本的计算公式为:营业利润=主营业收入-主营业务成本-主营业务税金及附加+其他营业收入-其他营业成本-其他营业务税金及附加-营业费用-管理费用-财务费用。

营业利润率的计算公式为:营业利润率=$\dfrac{营业利润}{营业收入}\times 100\%$。

营业利润是企业生产经营活动的目的,没有足够的利润,企业就无法继续生产和发展。所以,企业需要增加营业收入,同时减少营业成本。当然,营业收入增加,营业成本也会随之增加,但是营业收入增加低于营业成本增加时,企业就无法提高利润率,无法保持持续盈利能力。

也就是说,企业需要想办法减少营业成本,尤其是主营业务成本。因为主营业务成本是最大的扣除项,当主营业务收入和主营业务税金和附加保持不变时，主营业务成本直接决定了主营业务利润的高低。相反，如果主营业务成本不断提高，那么主营业务利润、利润总额就随之不断下降。

那么，如何降低主营业务成本呢？

在产品销量既定的前提下，主营业务成本是由已销售产品的单位成本决定的，而已销售产品的单位成本是由产品的单位生产成本决定的。想要降低主营业务成本，关键在于降低产品的生产成本。

产品的生产成本由直接材料、直接人工和制造费用组成。同样地，产品的单位成本也是由这三个项目组成。直接材料费用的多少，由材料消耗量和材料单价决定。企业想要控制直接材料成本就需要降低材料的单耗。直接人工费用由企业的工资形式决定，当企业采取计件工资时，单位产品的直接工资费用是相对固定的。而当企业采取计时工资时，直接工资费用取决于劳动生产率。所以，管理者需要想办法提高劳动生产率，因为企业的劳动生产率越高，单位时间内生产的产品越多，单位产品分摊的工资费用就越少。

企业的制造费用是企业内部各个生产单位为组织和管理生产所发生的间接费用，包括机物料消耗、水电费、折旧费、修理费等。这些费用是可以变动的，比如，机物料消耗，会随着产品产量的增减而增减。管理者需要提高劳动效率，使这些费用与产品产量的变动保持合理的比例关系，避免费用增长的速度高于产品产量增长的速度。另外，工资、职工福利费、折旧费、办公费等属于固定费用，不会随着产品产量的增减而增减。这个时候，企业管理者要阅读和分析利润表，将当期费用与上年实际、本年计划等费用进行对比，分析其增加或减少的原因，进一步降低制造费用。

总之，企业想要增加利润、提高经济效益，需要想办法降低营业成本，实现企业价值的最大化。当然，成本的计算方法对于主营业务成本的高低也是有一定影响的，在会计上，主营业务成本的计算有很多种方法，如先进先出法、后进先出法、加权平均法、个别计价法等。

先进先出法就是以材料先入库则先发出为前提，根据材料的入库时间来计价，先入库的材料优先计入成本，后入库的材料后计入成本。这种方法使得企业期末存货成本比较接近市场价值，如果出现物价下降的情况，企业存货的价值就被低估，其当期利润也相应地被低估。

加权平均法是指用期初存货数量和本期各批收入的材料数量作权数计算，取其平均值。这种方法比较简单，可以对成本的分摊进行平均计算。

企业管理者可以根据自身的生产经营特点和管理要求来确定计算方法，并且在财务报表的附注中加以说明和披露。

07 必须看一看费用都花到哪里了

费用是企业生产经营过程中发生的各种耗费，是一定会计期间内经济利益的减少。

费用产生的原因有三种：其一，生产和销售商品；其二，加工和提供劳务；其三，提供他人使用本企业资产的损失等。经济利益的流出形式也有三种：其一，资产的减少；其二，负债的增加；其三，资产的减少和负债的增加。（如图3-4所示）

- 资产的减少
- 负债的增加
- 资产和减少和负债的增加

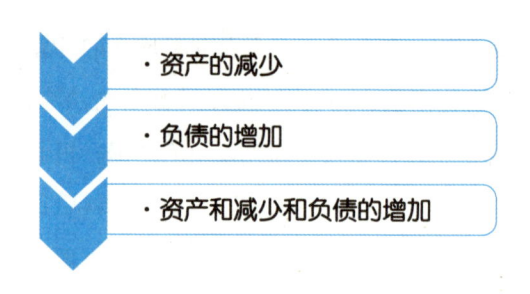

图 3-4　经济利益的三种流出形式

一、费用的内容

按照经济内容来划分，费用可以分为外购材料、外购燃料、动力、工资及职工福利费、折旧费、利息支出、税金以及其他费用。按照用途的不同，费用可以分为两类，即生产成本和期间费用。生产成本包括直接材料、直接人工和制造费用；期间费用包括管理费用、财务费用和销售费用。

在利润表中，费用的内容包括营业成本、营业税金及附加、销售费用、管理费用、财务费用和资产减值损失。

营业成本是企业生产经营活动中发生的成本。

营业税金及附加，是指企业生产经营过程中发生的与经营活动相关的向国家缴纳的税金及附加，包括增值税、消费税、城市维护建设税、资源税和教育费附加等。

销售费用是指企业销售商品和材料、提供劳务的过程中所产生的各种费用，包括保险费、包装费、展览费、广告费、商品维修费、运输费、装卸费等。

管理费用是指企业为组织和管理企业生产经营所产生的各种费用，包括企业筹建期间发生的开办费、董事会和行政管理部门所产生的公司经费、工会经费、董事会费，还有企业生产经营过程中所产生的房产税、车船使用税、土地使用税、印花税、技术转让费、矿产资源补偿费、排污费等。

财务费用是指企业为筹集生产经营所需资金所产生的各种费用，包括利息支出、汇兑损益、相关的手续费以及发生的现金折扣。

资产减值损失是企业计提各项资产减值准备所产生的各种损失，包括固定资产折旧计提准备损失、存货减值计提损失、长期股权投资减值计提损失、贷款减值计提损失等。

二、费用的确认

在会计中，只要一项耗费产生了，就可以被确认为费用。在当期应当负担的费用，不管款项是否已经支付，都需要作为当期的费用计入报表中。而不属于当期的费用，即使款项已经在当期支付，也不能作为当期的费用计入报表中。

具体来说，企业需要按照其与营业收入的因果关系来确认费用。也就是说，只要是为取得本期营业收入而发生的耗费都需要确认为本期的费用。同时，企业需要按照合理的分摊方式来确认费用。比如，企业的固定资产使用期限为10年，在有效使用年限内都可以为企业带来经济效益，同时其价值也随之耗损，其耗损应该按照一定的折旧方法在不同会计期间进行分摊，分别确认其费用。商标权、专利权、专用技术和商誉等无形资产也应该按照这种方法来确认。

三、费用的计量

在利润表中，企业需要按照实际成本来计量费用。

实际成本就是企业费用所消费的商品或劳务的实际价值。大多数费用都按照其实际发生额来计量，而固定资产和无形资产的使用期限比较长，按照一定的分摊方法在不同会计期间进行分摊，所以固定资产的折旧、无形资产的摊销也应该按照其实际分摊数来计量。

我们来举个例子。

某企业厂房的使用期限为10年，损耗为120万元，那么固定资产折旧应该在10年内进行分摊，每年分摊的实际金额为12万元，那么每月分摊的实际金额为1万元，计入当期费用中。

四、如何减少费用

在会计上，净利润=收入-费用，从中我们可以看出，企业想要增加利润，提高经济效益有两条途径，增加收入并降低费用。

与降低成本一样，对于企业来说，优化费用结构与降低费用一样重要。我们通过对费用结构的分析，得出企业需要对三方面内容进行关注。（如图3-5所示）

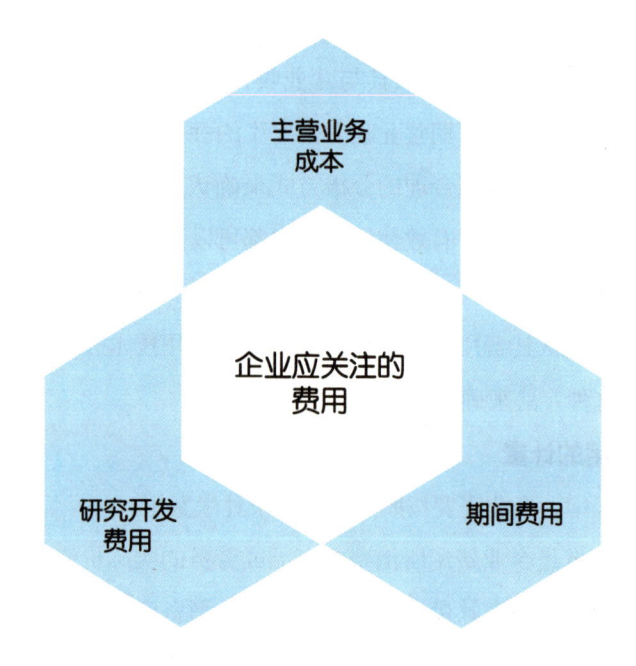

图3-5 企业应关注的三项费用

第一，主营业务成本。

主营业务成本是企业成本费用中的一个重要组成部分。对于工业企业来说，产品的销售成本占总成本的80%以上，而期间费用则不足20%。所以，在生产经营中，工业企业需要想办法降低制造成本，即降低直接材料、直接人工和间接制造费用等内容。

第二，期间费用。

当然，企业也不能忽视当期期间费用的降低，期间费用包括营业费用、管理费用和财务费用。

营业费用包括运输费、装卸费、包装费、保险费、展览费和广告费以及为销售商品而专设的销售机构的职工薪酬及福利费、业务费等。营业费用是可控的，企业需要深入到生产、管理环节，优化企业结构、加强企业管理，降低费用支出。

同时，企业还需要特别关注利息费用，提高企业财务管理能力，控制不合理的盲目投资。当企业的资本结构得以优化，负债经营的规模和水平得到提高，就可以降低费用的支出，从而提高经济效益。

第三，研究开发费用。

企业需要控制成本费用的总体水平，还需要关注研究开发费用。科技不断进步，企业想要提高综合竞争力，就需要不断更新技术、积极研发新产品。这就会引起研究开发费用的提升。

换句话说，企业需要加大研究开发费用的支出，促进企业的技术创新。但需要注意的是，应该根据企业的研发计划及资金需求来提前进行安排，使其不加重企业的成本负担。

我们还需要分析企业的费用结构，了解费用确认时间是否合法，费用确认方法是否正确，以及费用结构是否合理。了解这些问题需要掌握企业的支出结构，即不同性质的支出占总支出的比例。

支出结构的计算公式为：支出结构=$\dfrac{某项支出}{支出总额}$。

计算出各项支出所占比重,与同行业企业进行对比,就可以发现支出结构的构成是否合理,进而对成本费用结构进行调整,最大限度地提升利润空间。

第四章

探究现金流量表
——不可小看"流入"与"流出"

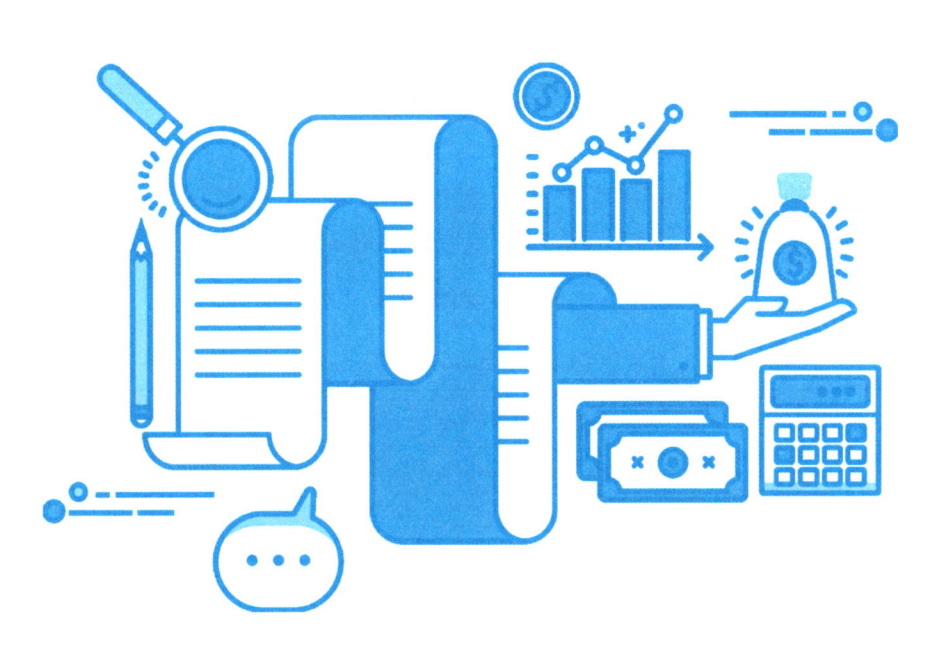

01 看现金流量表，观企业"血液报告"

现金是企业运营中的"血液"，企业经营活动的现金流量、投资活动的现金流量以及筹资活动的现金流量组成了企业的"血液循环"，而现金流量表就是反映其循环的"血液报告"。

通过阅读现金流量表，报表使用者可以了解企业一定会计期间内现金及现金等价物流入和流出情况，也可以预测企业未来的现金流量以及获取现金和现金等价物的能力。

一、现金流量表格式

现金流量表格式如表4-1、表4-2所示。

表4-1　现金流量表

编制单位：　　　　　　　　年　　　月　　　　单位：元

项　　目	本期金额	上期金额
一、经营活动产生的现金流量：		
销售商品、提供劳务收到的现金		
收到的税费返还		
收到其他与经营活动有关的现金		
经营活动现金流入小计		
购买商品、接受劳务支付的现金		

续表

项　　目	本期金额	上期金额
支付给职工以及为职工支付的现金		
支付的各项税费		
支付其他与经营活动有关的现金		
经营活动现金流出小计		
经营活动产生的现金流量净额		
二、投资活动产生的现金流量：		
收回投资收到的现金		
取得投资收益收到的现金		
处置固定资产、无形资产和其他长期资产收回的现金净额		
处置子公司及其他营业单位收到的现金净额		
收到其他与投资活动有关的现金		
投资活动现金流入小计		
购建固定资产、无形资产和其他长期资产支付的现金		
投资支付的现金		
取得子公司及其他营业单位支付的现金净额		
支付其他与投资活动有关的现金		
投资活动现金流出小计		
投资活动产生的现金流量净额		
三、筹资活动产生的现金流量：		
吸收投资收到的现金		
取得借款收到的现金		
收到其他与筹资活动有关的现金		
筹资活动现金流入小计		

续表

项　　目	本期金额	上期金额
偿还债务支付的现金		
分配股利、利润或偿付利息支付的现金		
支付其他与筹资活动有关的现金		
筹资活动现金流出小计		
筹资活动产生的现金流量净额		
四、汇率变动对现金及现金等价物的影响		
五、现金及现金等价物净增加额		
加：期初现金及现金等价物余额		
六、期末现金及现金等价物余额		

表4-2　现金流量表补充资料披露格式

编制单位：　　　　　　　　　年　　　月　　　　　单位：元

补充资料	本期金额	上期金额
1. 将净利润调节为经营活动现金流量：		
净利润		
加：资产减值准备		
固定资产折旧、油气资产折耗、生产性生物资产折旧		
无形资产摊销		
长期待摊费用摊销		
处置固定资产、无形资产和其他长期资产的损失（收益以"-"号填列）		
固定资产报废损失（收益以"-"号填列）		
公允价值变动损失（收益以"-"号填列）		

续表

补充资料	本期金额	上期金额
财务费用（收益以"-"号填列）		
投资损失（收益以"-"号填列）		
递延所得税资产减少（增加以"-"号填列）		
递延所得税负债增加（减少以"-"号填列）		
存货的减少（增加以"-"号填列）		
经营性应收项目的减少（增加以"-"号填列）		
经营性应付项目的增加（减少以"-"号填列）		
其他		
经营活动产生的现金流量净额		
2. 不涉及现金收支的重大投资和筹资活动：		
债务转为资本		
一年内到期的可转换公司债券		
融资租入固定资产		
3. 现金及现金等价物净变动情况：		
现金的期末余额		
减：现金的期初余额		
加：现金等价物的期末余额		
减：现金等价物的期初余额		
现金及现金等价物净增加额		

我们从表中可以看出，现金流量表包括两个部分，即现金流量信息表和补充资料部分，现金流量信息表反映企业一定时期内的现金流入和流出的详细情况，补充资料反映净利润和经营活动现金流量关系以及关于现金流量的重要经济事项。

二、现金流量表的作用

对于投资者、债权人来说,读懂企业的现金流量表有六方面作用。

第一,读懂现金流量表,可以了解企业一定时期内现金流入和现金流出的原因。

企业流动性最强的是现金,而现金流入和流出的多少,只能在现金流量表中体现出来。因此,现金流量表弥补了资产负债表以及利润表的不足,通过经营活动、投资活动和筹资活动中现金的流入和流出情况,直观地反映了现金流入和流出的金额以及原因。

第二,阅读现金流量表,可以了解企业的偿债能力。

投资者和债权人最关心企业的获利情况,而企业的获利情况则是通过利润表反映出来的。但是,企业盈利并不代表企业具有偿债能力;企业不盈利也不代表企业没有偿债能力。

企业的债务最终是靠现金来偿还的,因此,我们可以根据现金流量表中现金流量来分析企业的偿债能力。

第三,读懂现金流量表,可以分析企业未来获取现金的能力。

现金流量表中体现了经营活动中产生的现金流量,可以让报表使用者直观了解经营后,是否有足够现金支付未来的利息和利润、偿付到期的债务,或者能否满足扩大生产经营的需要。

现金流量表也体现了投资活动产生的现金流量,可以让报表使用者了解企业是否具有依靠投资产生现金流量的能力。

第四,读懂现金流量表,可以让投资者、债权人预测和评估企业未来的现金流量。

投资者是否投资,主要是由能否保障原始投资并获得股利,以及企业股票市价的变动情况来决定。债权人是否贷款给企业,主要是由到期后能否足额收回本金并按时获得利息来决定。而企业只有产生充足的现金流量,才能保障投资者、债权人的经济利益。

所以，投资者、债权人需要通过现金流量表来了解现金流量的金额，并且预测、评估企业未来是否产生足够的现金流量。

第五，读懂现金流量表，可以让报表使用者了解本期净利润与经营活动现金流量之间的差异。

在一个会计期间内，利润和损失确认的时间和现金流动的时间是不一致的。假设企业扩大生产规模或更新与重置固定资产，尤其是企业把现金投放在存货上时，利润和损失确认与经营活动净现金流入的时间就会产生很大的差异。这会导致企业的净利润增加，但是没有可以支配的现金。

因此，投资者和债权人需要通过阅读现金流量表来了解企业利润与经营活动现金流量之间的差异，分析差异产生的原因，进而预测企业未来是否有充足的现金流量。

第六，阅读现金流量表，可以让报表使用者正确地评估与现金无关的投资或筹资活动。

现金流量表不仅可以让报表使用者了解企业与现金有关的投资、筹资活动，还可以了解与现金无关的投资或筹资活动，比如，以无形资产对外投资，进而正确评估企业未来的现金流量。

三、阅读现金流量表时的注意事项

那么，在阅读现金流量表时，需要注意哪些事项呢？

第一，要特别关注经营活动的现金流量的稳定性。

在现金流流量表中，经营活动的现金流量所占的比重比较大，且现金流量比较稳定，具有很好的再生性。这说明企业经营所得的现金所占比重比较大，企业生产经营活动获得现金的能力比较强，企业的财务安全性很高。

通常来说，如果企业经营活动的现金流量比较稳重，且长期比重比较大，这说明企业采用了利润型或经营性的资金战略。相反，企业的资金主要来源为对外借款或资本的增加，那么，说明企业的财务风险比较高。

第二，把经营活动的现金流入与现金流出结合起来。

现金的流入与流出并不是孤立的，在阅读现金流量表时需要把经营活动的现金流入与现金流出结合起来，分析差异以及产生差异的原因。

如果经营活动的现金流入量小于现金流出量，说明企业流入的现金无法满足投资和偿债的需求，需要收回投资或借贷新的债务才能维持正常的生产经营活动。而造成这种情况的主要原因可能是应收账款不能及时收回，或是存在大量的存货积压。

分析现金流入与流出量时，还需要关注其结构或项目，比如，把销售商品收到的现金与缴纳税金支付的现金结合起来。

第三，把利润表中的净利润和经营活动的现金净流量结合起来。

把利润表中的净利润和经营活动的现金净流量结合起来，可以了解企业的利润质量和变现收益。

经营活动的现金净流量等于企业可变现的经营收入减去实际发生的需要支付现金的成本费用，即变现收益。变现收益与账面收益的比值越高，企业经营活动中净收益的变现能力越强，现金收回情况越好。相反，经营活动中净收益的变现能力越差，现金收回情况越差，坏账损失越高。

第四，阅读现金流量表时，需要与资产负债表和利润表结合起来，将相关项目进行对比分析。

总之，现金之于企业，就好像血液之于人体。现金是企业资金循环的纽带，离开了现金，企业就无法生存。因此，我们需要掌握现金的流入和流出情况，透视企业是如何造血、输血的能力。

02 现金流量表的编制

与资产负债表和利润表的编制方法相比,现金流量表的编制有着不同之处。一般来说,企业的账户体系往往是按照资产负债表和利润表的项目来设立的,可以根据其期末余额或发生额直接填列,或是经过分析后计算填列。但是,现金流量表项目往往无法直接从账户中得到相关数据,而是需要借助一定的方法进行计算才能得到相关数据,然后进行填列。

编制现金流量表有多种方法,包括工作底稿法、T形账户法以及根据有关账户记录分析填列。通常来说,我国主要采用工作底稿法和T形账户法这两种方法编制现金流量表。(如图4-1所示)

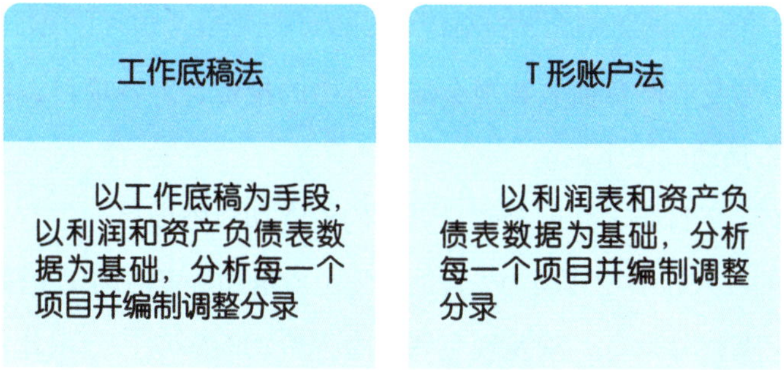

工作底稿法	T形账户法
以工作底稿为手段,以利润和资产负债表数据为基础,分析每一个项目并编制调整分录	以利润表和资产负债表数据为基础,分析每一个项目并编制调整分录

图4-1 现金流量的两种表编制方法

一、工作底稿法

工作底稿法,简单来说,就是以工作底稿为手段,以利润表和资产负债表数据为基础，分析每一个项目并编制调整分录。

工作底稿纵向可以分为三部分，即资产负债表项目（该项目可以分为借方项目和贷方项目）、利润表项目以及现金流量表项目。

工作底稿横向可以分为五栏，即项目栏，其中包括资产负债表、利润表和现金流量表各项目名称；期初数，列示资产负债表项目的期初数；借方金额栏；贷方金额栏；期末数，其中资产负债表项目根据期末数填列，利润表项目根据本期发生额填列，现金流量表项目根据调整分录计算填列。

需要注意的是，第五栏期末数是编制现金流量表的基本素材。

那么，如何利用工作底稿法编制现金流量表呢？具体操作分为四步。

第一步，将资产负债表中的期初数和期末数过入工作底稿的期初数栏和期末数栏，将利润表的本期金额过入工作底稿的期末数栏。

第二步，分析当期业务并编制调整分录。

利润项目是调整分录的基础。调整分录可以分为四类。

（1）涉及利润表中的收入、成本和费用项目以及资产负债表中的资产、负债和所有者权益项目，通过调整，把权责发生制下的收入费用转换为现金。

（2）涉及资产负债表和现金流量表中的投资、筹资项目，反映投资活动和筹资活动的现金流量。

（3）涉及利润表和现金流量表中的投资和筹资项目，把有关投资和筹资活动的收入和费用转换为投资活动现金流量和筹资活动现金流量。

（4）调整分录时，涉及现金和现金等价物的事项，分别计入"经营活动产生的现金流量""投资活动产生的现金流量""筹资活动产生的现金流量"等项目。

第三步，将调整分录过入工作底稿中的调整分录借方栏和贷方栏。

第四步，核对调整分录，并保持各账户平衡。资产负债表项目期初数加上或减去调整分录中的借贷金额应当等于期末数；收入类的贷方调整数与费用、成本类的借方调整数应当等于期末数栏中的期末发生额数。

二、T形账户法

T形账户法，就是以T形账户为手段，以利润表和资产负债表数据为基础，分析每一个项目并编制调整分录。

那么，如何利用T形账户法编制现金流量表呢？具体操作分为五步。

第一步，为所有非现金项目分别开设T形账户，并将各自的期末期初变动数按照原借贷方计入账户。

第二步，开设一个大的"现金及现金等价物"T形账户，分别为经营活动、投资活动和筹资活动，借方登记现金流入，贷方登记现金流出，并过入期末期初变动数。

第三步，以利润表项目为基础，结合资产负债表中的变动分析每一个非现金项目的增减变动，并且根据其变动编制调整分录。

第四步，将调整分录计入各T形账户，并对账户进行核对。核对时，保持各账户的借贷金额平衡。

第五步，根据大的"现金及现金等价物"T形账户的记录，编制现金流量表。

在编制现金流量表时有两种列报经营活动现金流量的方法，即直接法和间接法。

直接法，以利润表中的营业收入为起算点，通过调节与经营活动有关项目的增减变动，计算出企业经营活动产生的现金流量。而间接法，是把净利润调节为经营活动现金流量，就是把按照权责发生制原则确定的净利润转化为现金净流入，同时，忽视了投资活动和筹资活动对现金流量所产生的影响。

采用不同的编制方法编制的现金流量表，有不同的优势和侧重点。采用直接法编制的现金流量表，更有利于报表使用者分析企业经营活动产生的现金流量的来源和用途，帮助人们有效地预测企业现金流量的未来前景。而采用间接法编制的现金流量表，更有利于报表使用者比较、分析净利润与经营活动产生的现金流量净额之间的差异，了解两者产生差异的原因，进而从现金流量的角度分析和评价净利润的质量。

需要注意的是，我国企业会计准则规定企业应当采用直接法编制现金流量表，同时要求在财务报表附注中说明和披露以净利润为基础转化为经营活动现金流量的相关信息。

03 企业赚钱了，为什么反而没钱花

很多企业时常会出现"有利润而没有钱"的情况，这是因为企业的商品销售出去后得到应收账款，在月结时在会计处理上会确认销售收入，确认营业利润，这样看起来是企业赚钱了。但事实上，应收账款没有变现，现金没有收回来。所以，虽然企业的利润不低，但是仍没有可自由支配的资金。

所以，利润不等于现金流。现金流是动态的，有流入的资金，包括企业销售商品、提供劳务、出售固定资产、向银行借款等取得现金。也有流出的资金，包括购买原材料和商品、接受劳务、购建固定资产、对外投资、偿还债务等支付的现金。现金流动越快，企业经营状况越好，企业就越赚钱。

换句话说，利润反映的是一定时期内收入减去成本、费用后的余额。其中收入是由企业的生产经营产生的，不仅体现在货币现金里，还体现在应收账款里。应收账款收不回来，现金净流量是负数，企业就没钱可以用了。

我们来举个例子。

某电视企业生产的电视机非常受市场欢迎，一天能销售100万台，连续几年国内销量和出口销量都呈增长趋势，盈利数额也持续上涨。可是，该企业却面临破产的危机，分析其财务报表之后才发现，企业的现金流量是负数。同时，该企业在有高达50亿元的应收账款，且绝大部分应收账款都属于同一家经销商。

究其原因，该企业采取赊销的销售方式，与这家经销商达成了代理合同，但是该经销商却始终未按照约定日期付款，使得该企业陷入"有利润而没有钱"的困境。

一、应收账款

下面我们就来了解应收账款，并分析应收账款对于企业的影响。

应收账款是企业在销售过程中被购买单位所占用的资金。

在会计上，应收账款指的是因销售活动形成的债权，不包括应收职工欠款、应收债务人利息的其他应收款。同时，应收账款是一种流动资产性质的债权，但不包括长期的债权。它是企业应收购买者的款项，不包括企业自身付出的各种存出保证金，如投标保证金、租入包装物保证金等。

企业及时收回应收账款，商品转化为现金的时间跨度比较短，企业资金周转快，账上现金就充足。相反，企业不能及时收回应收账款，商品转化为现金的时间跨度比较长，企业资金周转就变慢，经营成本当然就变高。而且因为时间跨度长，不能收回账款的风险就加大了，自然也导致财务风险的加大。

企业管理者应该重视对应收账款的管理，对于被拖欠的应收账款应该采取措施，尽快收回款项。同时，要分析购买者的信用度，如果其信用度比较低，要避免对其进行赊销，更要避免只选择一个经销商，造成大量很难收回的应收账款。

二、应收账款周转率

应收账款周转率是企业在一定时期内赊销收入净额与应收账款平均余额的比值，是应收账款在一定时期内的周转次数，反映了企业应收账款的周转速度。

应收账款周转率的计算公式为：

$$应收账款周转率（次数）= \frac{赊销收入净额}{应收账款平均余额} \times 100\%。$$

其中，赊销收入净额=主营业务收入−现销收入。

$$应收账款平均余额 = \frac{期初应收账款+期末应收账款}{2}。$$

应收账款周转率也可以用周转天数来表示，计算公式为：

$$应收账款周转天数 = \frac{应收账款平均余额 \times 计算期天数}{赊销收入净额}。$$

其中，计算期天数按照360天计算。

应收账款周转率反映企业从获得应收账款的权利到收回款项、变成现金所需的时间。一般来说，应收账款周转率越高，企业收账的速度越快，坏账损失越少，其偿债能力越强。而应收账款周转率越低，企业收账的速度越慢，坏账损失越高，其偿债能力越弱。

同样，应收账款周转天数也是越短越好。假设企业实际收回账款的天数越过了其规定的应收账款天数，则反映购买者拖欠款项过长，坏账损失的风险就加大了。同时，如果企业资产形成了呆账甚至坏账，使得现金流入出现了问题，进而还会影响企业正常的生产经营或投资活动。

我们来举个例子。

某企业某年度营业收入、净利润、经营现金流均实现了不同程度的增加。财务报表显示，其营业收入为10.25亿元，同比增长20.3%；净利润为1.8亿元，同比增长35.76%；经营活动现金流净额3.8亿元，同比增长56.2%。

同时，该企业的盈利能力持续上升，营业利润率为20.31%，同比增长5.2%。但是，企业的应收账款增值率高于营业收入，应收账款账面价值为1.4亿元，同比增长67.5%。这是因为企业扩大了经营规模，使得信用期内的短期应收账款大幅度增加。其应收账款周转率也持续下降，这是因为企业为了扩大市场，给予客户一定的赊销政策。如果应收账款周转率持续下降，导致坏账的产生，那么就会加大企业的财务风险。

三、坏账、呆账

坏账，就是应收账款中收回的可能性很小或不能收回的那一部分。因为坏账而发生的损失，叫作坏账损失。企业发生坏账，是一种很正常的现象。根据我国有关规定，应收账款符合下列三种情况之一，应确认为坏账：其一，债务人死亡，其遗产清偿后仍然无法收回；其二，债务人破产，其破产财产清偿后仍然无法收回；其三，债务人较长时期未履行偿债义务，并有足够的证据表明无法收回或收回的可能性极小。

呆账，是已经过了偿付期限，经催讨之后仍然无法收回，长期处于呆滞状态，很有可能成为坏账的应收款项。

除此之外，存货也可能影响企业现金流。因为存货的增加，会导致企业营业成本不断增加，进而影响企业净利润数额的增加。而在存货增加、现金流降低的情况下，企业非常容易陷入财务危机。

总之，企业现金不断流出，但应收账款又不能及时收回，企业的资金就越来越少，没有足够的资金进行之后的投资以及支撑日常的企业运营。这样一来，即使企业利润持续增加，项目的盈利能力也很强，也仍然会出现现金流危机。

04 现金的流入与流出

现金的流入与流出形成了企业的现金流动。而企业某一时期内经营活动的现金流量是由现金流入、现金流出和现金净流量组成的。

现金流量管理中的现金，不是通常所说的手持现金，而是企业的库存现金、银行存款以及现金等价物。现金是衡量企业经营状况是否良好、用于偿还债务的现金是否充足、资产的变现能力是否强大的重要指标。它也是衡量投资方案经济效益的关键因素。

企业的日常经营业务是影响现金流量的重要因素，但是并不是所有经营业务都对现金流量有影响。比如，现金各项目与非现金各项目之间的增减，会影响现金流量净额的变动。用现金支付购买的原材料、用现金对外投资、收回长期债券等引起现金各项目与非现金各项目之间的增减，这种变动会影响现金的流入或流出，这也是现金流量表反映的内容。

而现金各项目之间的增减，不会影响现金流量净额的变动。从银行提取现金、将现金存入银行或是用现金购买债券等属于各项目之间的内部转化，不会影响现金流量的增加或减少。非现金各项目之间的增加或减少，也不会影响现金流量净额的变动。用固定资产或者存货清偿债务、用原材料对外投资等属于非现金各项目之间的变动，也不会影响现金流量的增加或减少。

需要注意的是，虽然非现金各项目之间的增加或减少不会影响现金流量的增加或减少，但是这些活动属于企业重要的投资和筹资活动，也应该反映在现金流量表的补充资料之中。

接下来我们将了解现金流入、现金流出以及现金净流量的具体情况。（如图4-2所示）

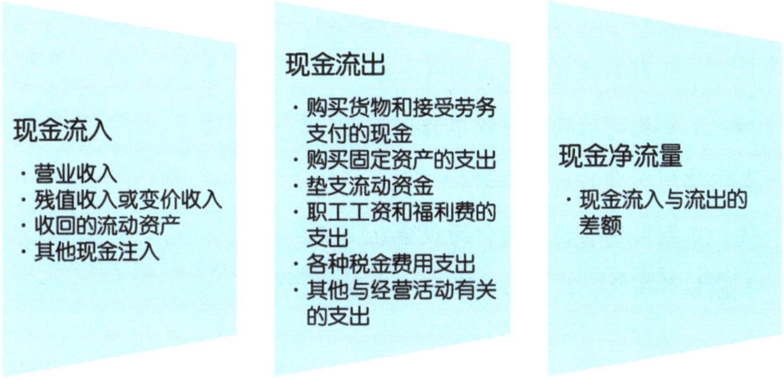

图 4-2 现金流入、现金流出与现金净流量的具体内容

一、现金流入

现金流入项目主要包括四个项目。

第一，营业收入。

营业收入指的是企业经营过程中销售产品或商品、提供劳务所获得的现金，包括销售收入和应向购买者收取的增值税销项税额。

营业收入的具体项目主要包括本期销售商品提供劳务收到的现金、前期销售商品、提供劳务本期收到的现金、本期预收的款项以及企业销售材料和代购代销业务收到的现金。同时，还应扣除本期销售本期退回的商品和前期销售本期退回的商品支付的现金。

我们来举个例子。

某企业本期销售一批商品，增值税专用发票上注明的销售额为10万元，增值税销项税额为1.3万元，以银行存款收讫。其中，应收票据期初余额为25万元，期末余额为6万元；应收账款期初余额为10万元，期末余额为5万元；年度内核销的坏账损失为9000元。本期发生退货，支付银行存款1.2万元，已通过银行转账支付。

本期销售商品、提供劳务收到的现金：

本期销售商品收到的现金11.3万元

加：本期收到前期的应收票据19万元

本期收到前期的应收账款4.1万元

减：本期因销售退回支付的现金1.2万元

本期销售商品、提供劳务收到的现金33.2万元

第二，残值收入或变价收入。

残值收入或变价收入指的是固定资产使用期满时的残值，或是未到使用期满时，出售固定资产取得的现金。

第三，收回的流动资产。

收回的流动资产指的是投资项目期满时，收回的原流动资产投资额，或某项决策实施后，收回的成本降低额。

第四，其他现金流入。

如税费的返还、其他与经营活动有关的现金，都是其他现金流入。

税费返还包括增值税、营业税、所得税、消费税、关税和教育费附加返还款。

我们来举个例子。

某企业出口一批商品，已交纳增值税，按照税法规定应该退还增值税1万元，本期已转账方法收讫；同时，收到教育费附加返还款3000元，已由税务机关直接存入该企业银行账户。那么，在现金流量表中现金流入项目上应

该这样反映：

本期收到的出口增值税退额1万元

加：收到的教育费附加返还退额3000元

本期收到的税费返还1.3万元

二、现金流出

现金流出主要包括六个项目。

第一，购买货物和接受劳务支付的现金。

购买货物和接受劳务支付的现金指的是企业购买材料、商品，接受劳务实际支付的现金，具体包括本期购买商品、接受劳务支付的现金；本期支付前期购买商品、接受劳务的未付款项；本期预付款项。本期发生的购货退回收到的现金，应该在本期扣除。

我们来举个例子。

某企业本期购买原材料，增值税专用发票上注明的材料款为15万元，增值税进项税额为2.55万元，已通过银行转账支付，本期支付应付票据10万元。那么，本期购买商品、接受劳务支付的现金如下：

本期购买原材料支付的价款为15万元

本期购买原材料支付的增值税进项税额为2.55万元

加：本期支付的应付票据10万元

购买商品、接受劳务支付的现金为27.55万元。

第二，购买固定资产的支出。

购买固定资产的支出包括购买厂房、建筑物的支出、购买机器设备的支出以及设备基础设施运输及安装费等。

第三，垫支流动资金。

垫支流动资金指的是项目投产前后分次或一次性投放在流动资产上的资金增加额。

第四，职工薪酬和福利费的支出。

职工薪酬和福利费的支出包括本期实际支付给职工的工资、奖金、各种津贴和补贴等以及为职工支付的其他费用。

需要注意的是，本项目不包括离退休人员的各项费用和支付给在建工程人员的工资。

企业为职工支付的养老、失业等社会保险基金、补充养老保险；支付给职工的住房困难补助；企业为职工交纳的商业保险金；企业支付给职工或为职工支付的其他福利费用等，应根据职工的工作性质和服务对象，分别在"购建固定资产、无形资产和其他资产所支付的现金"和"支付给职工以及为职工支付的现金"项目中反映。

第五，各种税金费用支出。

本期发生并支付的税费以及本期支付以前各期发生的税费和预交的税金都属于各种税金费用支出，如教育费附加、矿产资源补偿费、印花税、房产税、土地增值税、车船使用税、预交的营业税等。

第六，其他与经营活动有关的支出。

其他与经营活动有关的支出包括罚款支出、支付的差旅费、业务招待费、保险费等。

三、现金净流量

现金净流量是现金流入与流出的差额。现金净流量有可能是正数，也可能是负数。

当现金净流量是正数时，表现为现金的净流入；而当现金净流量是负数时，表现为现金的净流出。现金净流量反映了企业一定时期内各类活动形成的现金流量的最终结果。一般来说，当企业现金流入大于流出时，表明企业资金充足；当企业现金流入小于流出时，则表明企业资金短缺。

05 现金流量活动的三大"主战场"

在现金流量表中,现金流量可以分为三大类,即经营活动现金流量、投资活动现金流量以及筹资活动现金流量。可以说,这三大类现金流量就是现金流量活动的三大"主战场",也反映了企业日常生产经营活动的三大内容。

接下来,我们将了解现金流量三大分类的具体情况。

一、经营活动现金流量

企业可以通过两种途径来取得经营活动现金流量的信息。其一,企业的会计记录;其二,根据一些项目对利润表中的营业收入、营业成本以及其他项目进行调整。这些项目包括当期存货及经营性应收和应付项目;固定资产折旧、无形资产摊销、计提资产减值准备等其他非现金项目;投资活动或筹资活动现金流量的其他非现金项目。

经营活动现金流量的列报方法有两种,直接法和间接法。

直接法是指通过现金收入和支出的主要类别列示经营活动的现金流量。起算点是利润表中的营业收入,之后调整与经营活动各项目有关的增减,然后分别计算出现金流量。直接法可以反映经营活动现金流量的各项流入和流出。

间接法的起算点是本期净利润,之后调整不涉及现金收支的收入、费用、营业外收支以及应收应付等项目的增减,然后计算并列示经营活动的现金流量。间接法可以帮助企业管理者分析影响现金流量的因素以及企业利润的质量。

比如，销售商品、提供劳务收到的现金反映了企业在经营活动中营业收入流入。其计算公式为：销售商品、提供劳务的现金收入＝本期营业收入净额±应收账款减少数增加数±应收票据减少数增加数±预收账款增加数减少数－本期减少的应收账款、应收票据中非现金资产偿还额＋本期收回前期核销的坏账－本期实际核销的坏账。

二、投资活动现金流量

投资活动现金流量是指企业长期资产（一年以上）的购建及处置所产生的现金流量。这里的长期资产包括固定资产、在建工程、无形资产、其他长期资产等。

投资活动现金流量包括七个方面的内容。

第一，收回投资所收到的现金。

收回投资所收到的现金指的是企业出售、转让或到期收回除现金等价物以外的短期投资、长期股权投资而收到的现金，还包括收回长期债权投资本金而收到的现金。其中，不包括长期债权投资收回的利息、收回的非现金资产。

第二，取得投资收益所收到的现金。

取得投资收益所收到的现金指的是企业投资而取得的现金股利、利息以及从子公司、联营企业和合营企业取得利润而收到的现金。其中，不包括股票股利。

第三，处置固定资产、无形资产和其他长期资产所收回的现金净额。

指的是企业处置固定资产、无形资产和其他长期资产所取得的现金，减去为处置这些资产而支付的费用，还包括因为自然灾害造成长期资产损失而收到的保险赔偿收入。

需要注意的是，如果现金净额为负数，那么就应该作为投资活动现金流出项目，列在"支付的其他与投资活动有关的现金"项目中。

第四，处置子公司及其他营业单位收到的现金净额。

第五，投资所支付的现金。

投资所支付的现金指的是企业权益性投资和债权性投资支付的现金。包括除现金等价物之外的短期股票投资、短期债券投资、长期股权投资、长期债权投资支付的现金以及支付的佣金、手续费等附加费用。

第六，收到的其他与投资活动有关的现金。

第七，购建固定资产、无形资产和其他长期资产所支付的现金。

指的是企业购买、建造固定资产，取得无形资产和其他长期资产所支付的现金以及用现金支付的应该由在建工程和无形资产负担的职工薪酬。

对于企业来说，投资活动必须适应企业的发展战略，而投资者、管理者可以从投资活动的现金流量了解企业的投资活动有哪些，这些投资活动的投资效益如何。

当投资活动现金流量大于零时，可能是因为企业投资回收的资金大于现金流出，投资效益是良好的，也可能是因为企业迫于资金的压力，不得不处理固定资产或者持有的长期投资。因此，我们需要进行分析，找出真正的原因，而是不是盲目地进行投资。

而当投资活动现金流量小于或等于零时，说明企业投资回收的资金小于现金流出。这意味着投资是不利的，企业需要进行深入的分析研究，确认投资是否符合企业发展，投资前景是否良好。

三、筹资活动现金流量

筹资活动现金流量是指企业经营过程中与筹资活动有关的现金流量。筹资活动现金流量包括筹资活动的现金流入和归还筹资活动的现金流出，不仅会为企业提供"新鲜血液"，还可能影响企业的资本结构。

投资活动现金流量包括六个方面的内容。（如图4-3所示）

```
┌─────────────────────────────┐
│   吸收投资所收到的现金         │
└─────────────────────────────┘
┌─────────────────────────────┐
│   借款所收到的现金             │
└─────────────────────────────┘
┌─────────────────────────────┐
│   收到的其他与筹资活动有关的现金 │
└─────────────────────────────┘
┌─────────────────────────────┐
│   偿还债务所支付的现金         │
└─────────────────────────────┘
┌─────────────────────────────┐
│ 分配股利、利润或偿付利息所支付的现金 │
└─────────────────────────────┘
┌─────────────────────────────┐
│   支付的其他与筹资活动有关的现金 │
└─────────────────────────────┘
```

图 4-3　筹资活动现金流量

第一，吸收投资所收到的现金。

吸收投资所收到的现金指的是企业收到的投资者投入的现金，包括发行股票、债券筹集的资金实际收到的净额，是股票、债券发行收入减去支付的佣金等发行费用。

我们来举个例子。

某股份有限公司对外公开募集股份1000万股，每股1元，发行价每股1.2元，各种费用由代理发行的证券公司支付，各种费用为30万元。该企业为发行股票直接支付各种筹资费用为10万元。

那么，吸收投资所收到的现金：

发行总额（10000000×1.2）　12000000元

减：发行费用　　　　　　　　　300000元

发行股票取得的现金　　　　　11700000元

其中，企业直接支付的审计、咨询等费用可以不在本项目中扣除。

第二，借款所收到的现金。

借款所收到的现金指的是企业各种短期借款、长期借款所收到的现金。

第三，收到的其他与筹资活动有关的现金，如接受现金捐赠等。

第四，偿还债务所支付的现金。

偿还债务所支付的现金指的是企业用现金偿还债务的本金，包括偿还金融企业的借款本金、偿还债券本金等。偿还的借款利息、债券利息计入"分配股利、利润或偿付利息所支付的现金"项目，不再计入"偿还债务所支付的现金"项目。

第五，分配股利、利润或偿付利息所支付的现金。

指的是企业实际支付的现金股利，包括支付给其他投资单位的利润以及借款利息、债券利息等。

第六，支付的其他与筹资活动有关的现金，如捐赠现金支出、融资租入固定资产支付的租赁费等。

总之，经营活动现金净流量、投资活动现金净流量和筹资活动现金净流量，是现金流量表中重要的分析指标，反映了企业经营中的现金流入和现金流出以及现金的来龙去脉。

当经营活动现金净流量大于零时，说明企业经营活动的现金流充足，自身造血能力比较强，可以形成良好的现金循环与周转。而当这个指标小于零时，说明企业收回的现金不能支撑自身的运营成本，造血能力比较差，靠负债来维持经营，存在着较大的财务危机。

当投资活动现金净流量大于零时，说明企业前期投资比较成功，能陆续收回投资的现金。当这个指标小于零时，说明企业前期投资产出比较小，或是投资失败，不能收回所投资的现金。

当筹资活动现金净流量大于零时，说明企业通过银行贷款、借款或股东投入的现金流入大于偿还银行贷款或借款的现金流出，企业有资金可以使用。当筹资活动现金净流量小于零时，说明企业通过银行贷款、借款或股东投入的现金流入小于偿还银行贷款或借款的现金流出，企业资金出现了短缺。

通过现金流量活动的核查与分析，我们可以掌握企业的现金结构、现金增减变化情况，分析出企业现金流是否健康安全，是否能支撑企业的正常运营和发展。

06 现金流量要注重数量，更要注重含金量

企业真正能用于偿债的是现金流，所以阅读和分析财务报表时我们需要关注现金流量，尤其是经营活动的现金净流量。当然，除了要关注现金流量，还需要关注现金流含金量。下面，我们来了解一些能反映企业现金流量含金量的指标，主要包括六项，如图4-4所示。

图4-4 反映企业现金流量含金量的六项指标

第一，现金流动负债比率。

现金流动负债比率是企业一定时期内经营现金净流入与流动负债的比

值,可以从现金流的角度来分析企业当期偿还短期负债的能力。

现金流动负债比率的计算公式为:

$$现金流动负债比率=\frac{经营现金流入}{流动负债}\times 100\%。$$

现金流动负债比率越大,说明企业经营活动产生的现金净流量越多,越能保障企业按时偿还到期债务。因为净利润和经营活动产生的现金净流量可能是背离的,所以,企业获取利润,不代表着一定有足够的现金及现金等价物。所以,现金净流量可以直接保证当期流动负债的偿还,反映出企业偿还流动负债的实际能力。

同时,流动负债是期末余额,将在一年内陆续到期。而现金的取得也是陆续的,不断产生的现金用于不断出现的到期债务。但是,这不意味着经营现金净流入必须大于流动负债,可能会出现流入小于流出的情况。

一般来说,现金流动负债比率数值越高,企业的现金净流量越多,但是并不是数值越高越好,如果数值过高,则说明企业流动现金利用率不高,盈利能力也不高。

第二,现金到期债务比率。

现金到期债务比率指的是企业经营现金净流入与本期到期债务的比值。本期到期债务包括本期到期长期负债和本期应付票据。

其计算公式为:$$现金到期债务比率=\frac{经营现金净流入}{本期到期债务}\times 100\%。$$

一般来说,企业到期的长期负债和本期应付票据是无法延期的,到期必须偿还。现金到期债务比率数值越高,说明企业资金流动性越好,到期偿还债务的能力越强。标准值为1.5,不能太低,也不能太高。

需要注意的是,以上这两项指标反映了企业资金的流动性,即资金迅速转变为现金的能力。企业即使拥有大量流动资产,但是现金净流量不够，也无法支付或偿还债务。

第三，现金收入比率。

收入现金比率是指企业销售商品、提供劳务收到的现金与主营业务收入的比值。

其计算公式为：收入现金比率 = $\dfrac{\text{销售商品、提供劳务收到的现金}}{\text{主营业务收入}}$。

现金收入比率的计算剔除了应收账款，也降低了应收账款带来的企业风险。现金收入比率大于1，说明企业当期收入全部为现金，同时还收回了以前期间的应收账款；比率小于1，则说明企业当期的部分收入没有收回现金，存在着较多的应收账款，给企业带来了财务风险。

可以说，现金收入比率反映了企业获取现金能力的强弱，数值越大越好。

第四，净现金比率。

净现金比率是指企业经营现金流量净额与净利润的比值。

计算公式为：净现金比率 = $\dfrac{\text{经营现金流量净额}}{\text{净利润}}$。

净现金比率数值越大，企业盈利质量越好，说明企业本期经营活动净现金流量足以偿还本期债务。而如果数值比较低，说明本期净利润中存在着大量未实现的现金，企业盈利质量比较差。这种情况下，即使企业实现了盈利，但是也可能发生资金短缺的情况。

净现金比率数值达到0.7，就说明企业盈利质量达到合格水平，企业经营业绩良好；如果数值大于1，则说明盈利质量非常好。

现金收入比率和净现金比率反映了企业获取现金的能力，除此之外，还有每股营业现金净流量、全部资产现金回收率等指标。通过这些指标，我们可以分析企业经营活动的现金净流量与当期净利润的差异，如果企业账面利润比较高，但是现金流量不充足，甚至出现负数，就需要分析原因，判断企业的经营成果是否出现了问题。

我们来举个例子。

某企业2017年至2020年营业收入分别为3.7亿元、6.2亿元、7.1亿元、5.3亿元，主营业务现金收入比率分别为1、0.86、0.91、0.85。净利润分别为6380万元、9700万元、1.2亿元、1.3亿元，净现金比率分别为0.18、0.21、0.50、0.67。

我们从上面的数据中可以看出，该企业的现金收入比率和净现金比率都比较低，虽然净利润持续增长，但是实际现金流入不充足，利润中存在着大量的未实现现金流入。这使得企业面临着较大的财务危机，如果不及时进行调整，很可能面临破产倒闭的危机。

第五，现金满足投资比率。

现金满足投资比是指企业在一段时间内（通常为五年），经营活动现金净流入与资本支出、存货购置及发放现金股利的比值。

计算公式为：现金满足投资比率 = $\dfrac{经营活动现金净流入}{资本支出+存货增加+现金股}$。

现金满足投资比率反映了企业经营活动现金满足主要现金需求程度，当数值大于1时，说明企业经营活动所产生的现金流量能够满足企业日常经营需求，不需要进行筹资活动；当数值小于1时，则说明现金净流入不足以满足企业日常经营需求，需要对外筹资。

因为现金是不断地流入，所以某一年的现金满足投资比率大于或小于1，不足以说明其是否满足企业日常需求。所以，我们需要计算企业在五年或五年以上的经营活动现金净流入与资本支出、存货购置及发放现金股利的总额。一旦企业的现金满足投资比率长期小于1，就说明企业的经营存在问题。

第六，现金股利保障倍数。

现金股利保障倍数是指企业在一定时期内（通常为五年），经营活动净现金流量与现金股利支付额的比值。

计算公式为：现金股利保障倍数＝$\dfrac{经营活动现金净流入}{现金股利额}$。

现金股利保障倍数反映企业支付现金股利的能力，数值越高越好。数值越高，说明企业的现金股利占经营现金的比重越小，企业的现金支付能力越强。

现金满足投资比率和现金股利保障倍数反映了企业现金流的财务弹性，如果现金流量超过企业需求，则说明企业有剩余的现金，可以更好地进行投资，适应市场的变化，进而获得更多经济效益。

07 从现金流量表看企业的财务效率

所有企业的经营管理都离不开财务管理，而科学有效的财务管理则关系到企业的资金安全和资金流转，也关系到企业管理效率的提升。所以，在财务管理中，企业一定要提升财务效率，保障企业资金良好地运转。

通过现金流量表，我们可以了解企业的财务效率以及财务管理水平。具体从三方面来看。

一、通过现金流量表可以了解企业的真实收益

从理论上来说，企业的净营业利润应该与经营活动的现金净流量是一致的，但是实际中并非如此。因为利润是分期计算的，并且按照权责发生制的原则，一旦销货和收款的时间不一致，就会导致净营业利润与经营活动的现金净流量不一致。所以，在会计中，按照收付实现制原则来计算经营活动的现金净流量，即经营净收益。

想要了解企业的真实收益,可以运用三项财务指标。(如图4-5所示)

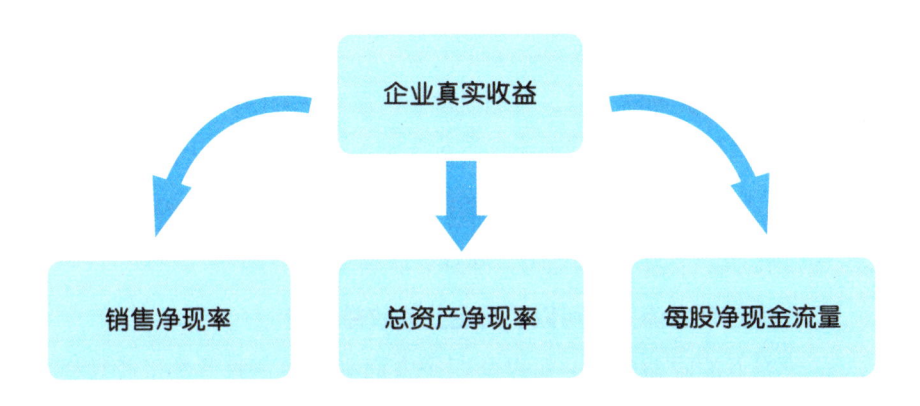

图 4-5 了解企业真实收益三项财务指标

第一,销售净现率。

$$销售净现率 = \frac{经营活动现金净流量}{销售收入净额} \times 100\%。$$

在阅读现金流量表时,可以把经营活动现金净流量看作是按照收付实现制的原则计算的净收益。这项指标反映了企业在一个会计年度每实现1元的销售收入能获得的现金净流量,可以反映销售商品的变现收益水平。

第二,总资产净现率。

$$总资产净现率 = \frac{经营活动现金净流量}{平均资产总值} \times 100\%。$$

这项指标反映企业在一个会计年度的资产获得经营活动现金净流量的能力,反映企业资产的利用效果。

第三,每股净现金流量。

$$每股净现金流量 = \frac{现金及现金等价物净增加额}{总股本} \times 100\%。$$

$$或每股净现金流量 = \frac{经营活动现金净流量}{总股本} \times 100\%。$$

这项指标反映企业每一股本能创造现金净流量的能力，直接影响着投资者所获得的现金股利。

衡量企业的获利能力时，人们通常会运用利润表中的指标，但是这些利润率指标一般是根据利润表和资产负债表中的数字计算出来的，有一定的局限性。如果把利润换成经营活动产生的现金流量净额，就可以根据现金流量表来考察企业的获利能力，并且更准确一些。

二、通过现金流量表可以了解企业的收益质量

评价企业的收益情况，可以从四个方面来考察：收益数量或规模、收益水平或比率、收益结构和风险、收益质量。前三者可以从利润表中得出，但是只有把利润表和现金流量表结合起来，才可以了解企业的收益质量，实际上，就是把收入和利润联系起来。考察企业的收益质量，可以运用三项财务指标。

第一，销售收现率。

当企业的全部销售都能带来利益的流入，那么收款的风险就降到了最低。而企业销售所带来的利益流入的形式包括现金、实物资产、无形资产等，最常见的是现金。所以，销售收现率可以反映销售收入的收款风险程度和质量。

$$计算公式为：销售收现率 = \frac{销售收到的现金}{销售净收入} \times 100\%。$$

销售收现率等于1，说明企业当年销售收到的全部是现金，没有风险收入；当销售收现率大于1时，说明企业不仅收回全部当年现金，还收回了部分以往年度的欠款；当销售收现率小于1时，说明企业销售中有部分款项没有收回，存在着风险收入，同时有坏账的风险。

第二，现金获利指数。

$$现金获利指数 = \frac{经营活动现金净流量}{经营利润额} \times 100\%。$$

现金获利指数反映了企业每实现1元的经营利润所能带来的现金净流入。现金获利指数等于1，说明企业的经营收益都是现金流入，没有风险收益；当现金获利指数小于1时，说明企业的经营收益在当期没有形成现金流入，企业存在着风险性收益。

第三，现金收益比率。

$$现金收益比率 = \frac{每股净现金流量}{每股净收益}$$

$$或现金收益比率 = \frac{每股经营活动净现金流量}{每股净收益} \times 100\%。$$

现金收益比率反映了企业经营活动中每股收益中的变现收益水平。现金收益比率等于1，说明企业的收益基本都是变现收益；当现金收益比率小于1时，说明企业的收益不能全部变现，有一部分收益是风险性收益。

三、通过现金流量表看企业的管理效率

财务管理的内容主要包括现金管理和信用管理。企业管理效率的水平可以通过三个财务比率来分析。（如图4-6所示）

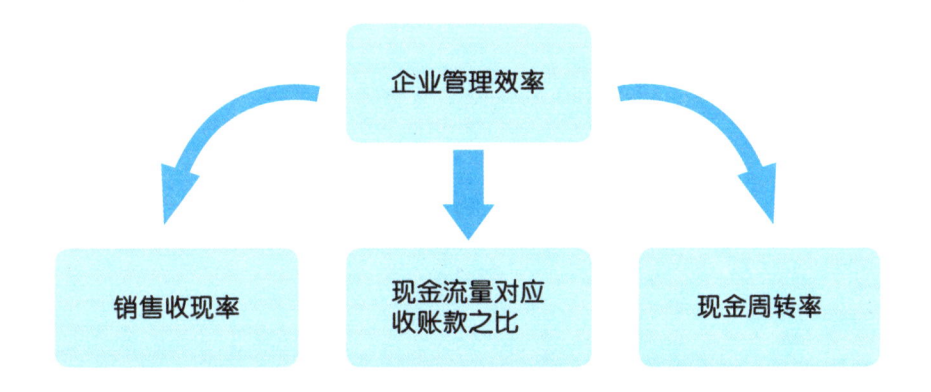

图4-6 分析企业管理效率水平的三个财务比率

第一，销售收现率。

销售收现率等于1，说明企业销售款全部是现金形式，当期现金全部收回。如果企业的销售收现率大于1，则说明不仅收回了当期销售款，还收回了一部分前期的欠款，说明企业具有较高的财务管理效率。

第二，现金流量对应收账款之比。

$$现金流量对应收账款之比 = \frac{经营活动现金流量}{应收账款净值} \times 100\%。$$

这个比率越高，企业货款收回的速度越快，信用管理水平越高。相反，比率越低，企业贷款收回的速度越慢，信用管理水平越低，越容易出现财务风险。

第三，现金周转率。

现金周转率反映了企业现金管理能力的高低。这个比率越高，说明企业现金闲置越少，现金能充分应用于投资、生产经营。比率越低，说明企业现金闲置越多，现金得不到充分利用。但是这个比率也不能太高，否则就会出现资金周转不灵的情况，增大财务危机的发生概率。

第五章

读懂所有者权益变动表
——跟踪股东权益的变化

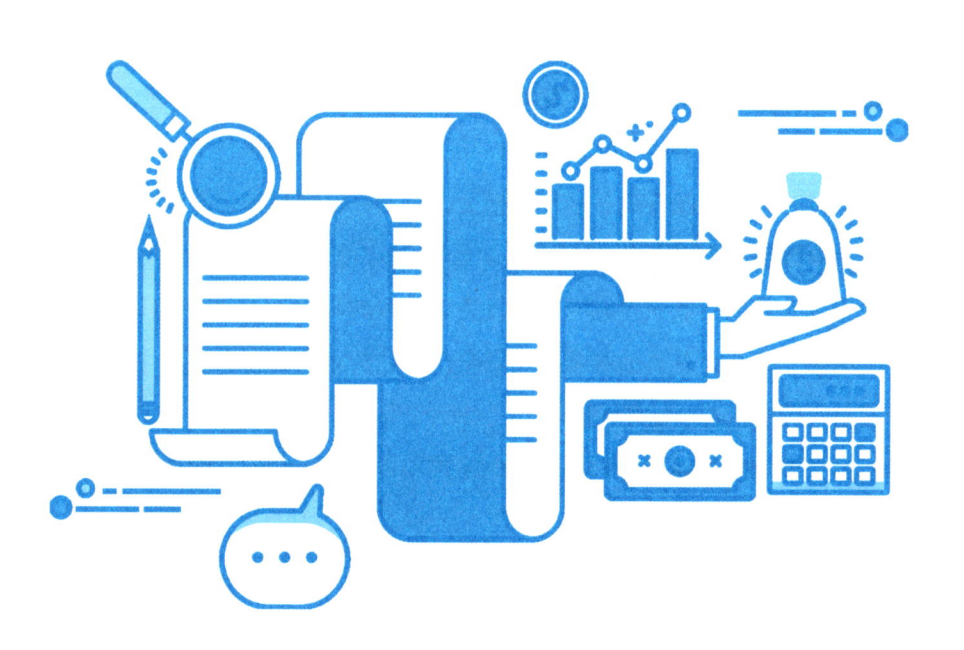

01 一分钟掌握自有资金的来龙去脉

按照取得的来源，企业资金可以分为自有资金、赠款和借入资金三类。

自有资金，是相对企业借入资金来说的，是指企业为生产经营活动所持有且能执行支配的、不需要偿还的资金。

按照企业生产资料所有制形式和财务管理体制的不同，取得自有资金的渠道也不同。比如，国有企业的自有资金来源于三个方面。其一，国家财政拨款以及固定资产的无偿调入；其二，企业内部积累，从扣除成本和税费所得的利润中提存的各项专用基金；其三，定额负债，即应付和预收的款项中能经常使用的那部分。

集体企业的自有资金则来源于投资者投入的股金、企业内部积累形成的公积金、公益金及其他各项专用基金。而私营企业的自有资金主要来源于股东的投资和未分配利润。

自有资金主要体现在财务报表的哪些项目呢？主要包括四方面内容。（如图5-1所示）

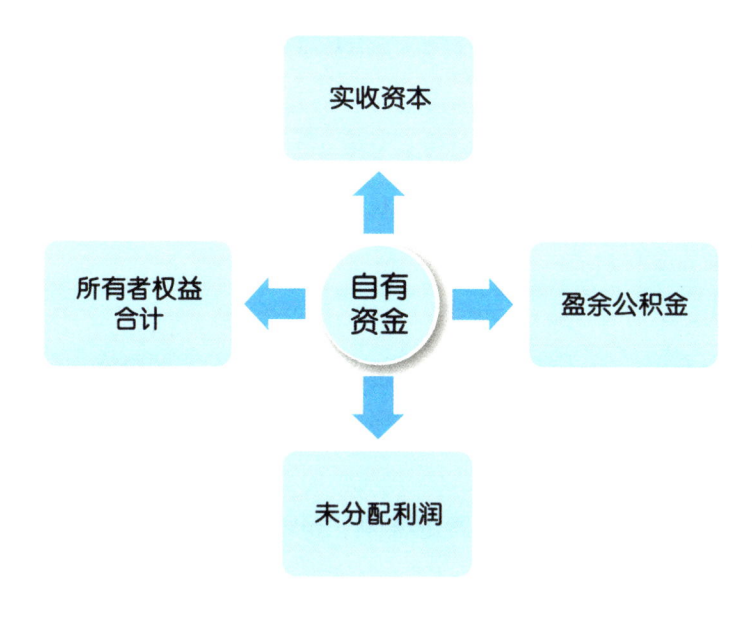

图 5-1　自有资金主要体现的项目

第一，所有者权益变动表中的实收资本。这些实收资本是股东投入的资金，无需偿还。

第二，所有者权益变动表中的盈余公积金。这是从企业税后利润提取的、存留在企业的积累资金。

只要企业有盈利，就会有盈余。按照规定，企业必须在本期净利润中保留10%，这部分盈余就是法定公积；同时，企业还需要按照公司章程，从盈余中提拨一部分资金，也就是特别盈余公积。

因为法定公积来源于未分配盈余，所以它的增加部分也需要从未分配盈余中扣除。同时，股票股利与现金股利、职工红利、董监事酬劳也需要从未分配盈余中扣除，但是，股票股利会将现金转换为股票，所以对于股东来说，其股东权益并没有减少。而现金股利、职工红利、董监事酬劳发放的是现金，所以会造成股东权益的减少。

第三，所有者权益变动表中的未分配利润，即未分配股利的利润。

未分配利润属于所有者权益的组成部分，是在以后年度可以继续进行分配的利润。而企业当年实现的利润总额可以按照以下顺序进行分配，即弥补以前年度亏损—缴纳所得税—提取法定盈余公积和公益金—提取任意盈余公积—分配优先股股利—分配普通股股利，最后剩下的就是年终未分配利润。

第四，所有者权益变动表中的所有者权益合计。

所有者权益合计包含了以上三个方面的内容，是投资者对于净资产的所有权，数量上等于企业全部资产减去全部负债后的余额。即会计恒等式：所有者权益=资产−负债。

在企业持续经营过程中，可能盈利，也可能亏损，如果企业盈利了，利润明显增多，资产也随之增多。在负债不变的情况下，所有者权益也有所增加。会计恒等式演变为：新的所有者权益+利润=旧的所有者权益+收入−费用。

除此之外，我们还需要了解另外一个项目，即股东权益其他调整项目，包括长期股权投资未实现跌价损失、累积换算调整数、未认定为退休金成本的净损失、库存股票等。这些项目的变动，也会影响所有者权益的增加或减少。

一般来说，自有资金并不等同于所有者权益，自有资金是按财务制度规定由企业支配的资金，包括资本、资本公积、盈余公积金及其他自有资金，也包括通过发行股票筹集的资金。而所有者权益则是企业的净资产，在数量上等于企业全部资产减去全部负债后的余额，包括企业股东投资的货币资产以及非货币性资产。

02 少数股东权益从哪里来

少数股东是谁？

少数股东是企业所有者中特殊的群体，只能分享子公司分配的股利。当子公司清算解散时，少数股东只能分享子公司债权人和优先股股东的权利满足后的剩余权益。而少数股东权益是企业合并后，由其他股东所持有的子公司的权益，而不是母公司持有的权益。也就是说，某上市公司合并报表的子公司并不是100%持股的，有的可能持有子公司80%股权，有的可能持有60%的股权，有的可能持有20%的股份。其中，持有20%股份的股东就是少数股东。

一、少数股东权益在合并报表中如何体现

在企业合并的情况下，母公司根据企业状况编制财务报表，子公司也根据企业状况编制财务报表，同时，还需要根据母公司和子公司的财务报表编制成反映整个集团的合并报表。那么，少数股东权益如何在合并报表中体现呢？我们需要注意五个问题。

第一，子公司净资产中属于少数股权的净资产是否应该列示在合并报表中。

第二，如果属于少数股权的净资产列示在合并报表中，少数股权净资产的价值如何体现，是按照账面价值列示还是按照合并后的公平价值列示。

第三，在合并资产负债表中，少数股权是否应列为股东权益。

第四，在合并利润表中，少数股权是否属于利润分配。

一般来说，少数股东权益应该列入所有者权益中，但是需要与多数股东权益在附表中列示，也可以单独列示于负债和所有者权益之间。在合并资产负债表中，少数股东权益可以以一个总额单独列示，也可以分别列示出其股本、资本公积和盈余公积等项目。在合并利润表中，少数股东损益从合并净损益中扣除，净利润之前可以列示少数股东损益这一项。

我们来举个例子。

上市公司A，持有子公司B 70%的股权，并且合并公司B财务报表。公司A母公司财务报表净资产为12亿元，当期净利润为1亿元。而公司B净资产2亿元，当期净利润为6000万元。那么，在合并财务报表中，少数股东权益如何体现呢？

在利润表中，公司A合并财务报表列示净利润为1.6亿元，其中1800万元净利润为少数股东权益，1.42亿元为母公司所有者的净利润。在资产负债上，合并净资产为14亿元，其中6000万元是少数股东权益。

二、合并报表中少数股东权益的处理

在合并报表中，少数股东权益有三种方法来处理。

第一，在合并利润表中，净利润中不包括少数股东本期损益，但是少数股东本期损益可以导致流动资金来源的增加。所以，少数股东本期损益应当作为流动资金来源或抵消流动资金来源来处理，单列在少数股东权益项目中。

第二，因为股东对子公司增加的投资最后流入集团，所以促使集团流动资金有所增加。所以，少数股东对子公司增加的投资，应该单独列为少数股东资本增加额项目，作为"流动资金来源"处理。

第三，对于集团来说，子公司分配给少数股东的利润与母公司分配给股东的利润性质相同，所以子公司分配给少数股东的利润，应单独列为少数股东利润分配项目，作"流动资金运用"处理。

需要注意的是，在企业合并中，中小股东处于劣势地位，所以国家相关法律制定了保护少数股东权益的相关政策。《中华人民共和国公司法》中制定了少数股东权益保障制度，包括知情权的保障制度、代理投票制度、累计投票制度、表决权的回避制度、少数股东权制度、异议股东股份回购请求权制度等。

股东知情权是指股东有通过查阅公司财务报告资料、账簿等有关公司经营、决策、管理的相关资料以及询问与上述信息相关的问题，了解企业运营状况以及业务活动的权利。

代理投票制度是指在股东大会召开期间，小股东因为种种原因不能参加股东大会时，可以以书面方式委托代理人对股东大会议案和相应决议做出与委托人意思相同或相近的投票。

累计投票制度是指股东大会在选举两名以上董事时，股东所持有的每一股份拥有与应选董事总人数相等的投票权，可以用所有的投票权集中投票选举一人，也可以分散投票选举数人。

表决权的回避制度是指当股东与股东大会讨论、决议的事项有特别的利害关系时，该股东或代理人不能对其持有的股份行使表决权。

少数股东权制度是指持有一定比例股份的股东才能行使的权力。包括自行召集权和股东提案权。

异议股东股份回购请求权制度，也叫作退股权，是指在特定的情形下，股东对公司股东（大会）会议决议持反对意见时，有要求公司以合理公平的价格收购自己股份的权利。

总之，在阅读和分析财务报表时，我们需要关注少数股东权益，重视少数股东对企业的影响，并且保护好小股东的权益。

03 阅读有重点，变动早知道

阅读股东权益变动表，可以让我们了解企业所有者权益总量及增减变动，还有所有者权益增减变动的重要结构性信息，如直接计入所有者权益的利得和损失。

所有者权益变动表至少应该单独列示以下信息的项目：净利润；直接计入所有者权益的利得和损失项目及其总额；会计政策变更和差错更正的累积影响金额；所有者投入资本和向所有者分配的利润等；按照规定提取的盈余公积；实收资本(或股本)、资本公积、盈余公积、未分配利润的期初和期末余额及其调节情况。

股东权益变动表如表5-1所示。

表5-1　股东权益变动表

编制单位：　　　　年度　　　　　　单位：元

项目	行次	本年金额						上年金额					
		实收资本（或股本）	资本公积	盈余公积	未分配利润	库存股（减项）	股东权益合计	实收资本（或股本）	资本公积	盈余公积	未分配利润	库存股（减项）	股东权益合计
一、上年年末余额													
1. 会计政策变更													

续表

项目	行次	本年金额					上年金额				
		实收资本（或股本）	资本公积	盈余公积	未分配利润	库存股（减项）	股东权益合计	实收资本（或股本）	资本公积	盈余公积	未分配利润	库存股（减项）	股东权益合计
2. 前期差错更正													
二、本年年初余额													
三、本年增减变动金额（减少以"—"号填表列）													
（一）本年净利润													
（二）直接计入股东权益的利得和损失													
1. 可供出售金融资产公允价值变动净额													
2. 现金流量套期工具公允价值变动净额													
3. 与计入股东权益项目相关的所得税影响													
4. 其他													
小计													
（三）股东投入资本													
1. 股东本期投入资本													
2. 本年购回库存股													
3. 股份支付计入股东权益的金额													
（四）本年利润分配													
1. 对股东的分配													
2. 提取盈余公积													
（五）股东权益内部结转													
1. 资本公积转增资本													
2. 盈余公积转增资本													
3. 盈余公积弥补亏损													
四、本年年末余额													

当然，想要真正读懂所有者权益变动表，阅读时就需要有重点，我们需要关注五个重要因素的变动。（如图5-2所示）

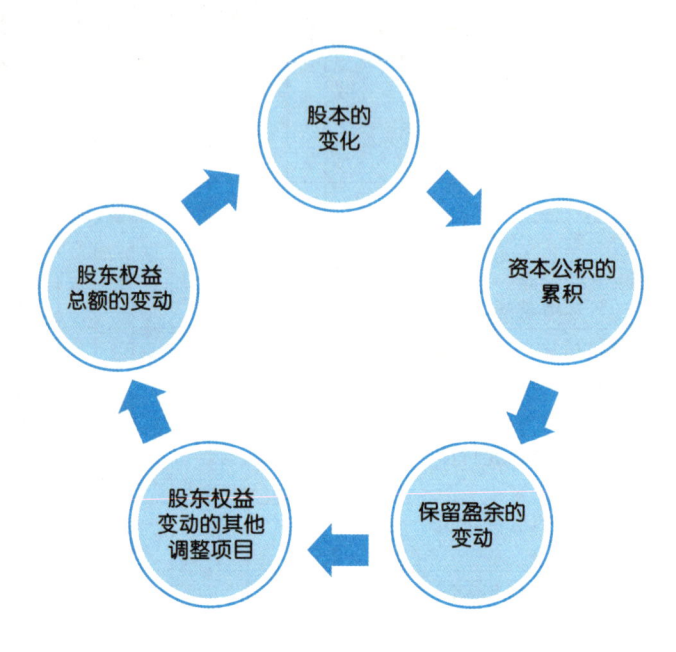

图 5-2 阅读所有者权益变动表时需要关注的重要因素

第一，关注股本的变化。

股东权益变动表中，详细地列出了当期股本的增减变动。而通过股本的变动，我们可以了解企业的财务状况。如果股本变动是正向的，则说明企业财务状况良好，经营规模在不断扩大。如果股本变化是负向的，则说明企业的财务状况不佳，需要通过减资来弥补累积亏损。

引起股本增加的主要因素包括企业三项融资活动的股本认购、公积金转增股本、股票期权行权。而引起股本减少的因素主要是企业用税后利润回购股票转为库存股。

第二，关注资本公积的累积。

根据《公司法》规定，资本公积除了填补企业亏损之外，不得作其他用途使用。但是，在企业没有亏损的情况下，应该把资本公积中的"超过票面金额发行股票所得的溢额""受领赠与所得"全部或部分用来补充资本。也就是说，企业的资本公积不能用来分配股息及红利，但可以转增资本。而企业的资本公积累积得越多，企业发展越稳健，持续发展能力越强。而对于股份有限公司来说，资本公积转增资本可以增加投资者持有的股份，激活股价，进而提高股票的交易量和资本的流动性。比如，企业增发股票融资，虽然会稀释股东权益，但更有利于企业未来的发展，增加投资者持有的股份，对于老股东的长远利益是有利的。

第三，关注保留盈余的变动。

保留盈余是连接利润表与资产负债表中股东权益的一个科目。而影响保留盈余增减变动的主要因素包括本期净损、前期损益调整、现金或负债股利、股票股利、财产股利、库藏股交易等。

第四，关注股东权益变动的其他调整项目。

除了关注影响股东权益变动的一些项目，还需要关注股东权益增加或减少的其他调整项目，进而了解企业的长期股权投资是否低于账面值、外币交易或外币财务报表换算的差额、未认定退休金成本的净损失及库藏股票的买入与处分。

第五，关注股东权益总额的变动。

通过了解股东权益总额的变动，我们可以掌握其变动的趋势以及影响其变动的主要因素。

可以说，通过关注这些因素的变动，我们可以在一定程度上了解企业综合收益的特点，同时了解最终属于股东权益变动的净利润。而阅读所有者权益变动表则具有三个作用。（如图5-3所示）

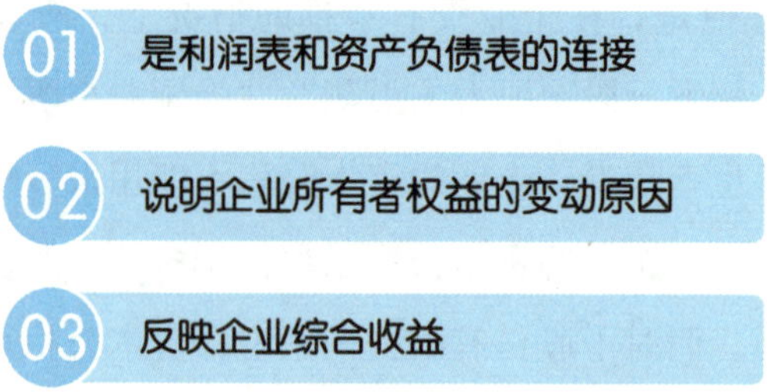

01 是利润表和资产负债表的连接

02 说明企业所有者权益的变动原因

03 反映企业综合收益

图5-3 阅读所有者权益变动表的三个作用

第一，是利润表和资产负债表的连接。

所有者权益变动表，起点是利润表中的净利润，反映了净利润以及利润分配对所有者权益的影响，同时也反映了其他所有者权益变动的情况，最终归于资产负债表中所有者权益。所有者权益变动表是利润表和资产负债表的连接，反映了两者之间的关系。

第二，说明企业所有者权益的变动原因。

所有者权益变动表不仅反映了企业当期期末所有者权益的总量、构成，同时还反映了当期盈利或亏损、发生利得或损失、投资者对企业投入的增减变化以及利润分配等项目对当期所有者权益的影响。

通过阅读所有者权益变动表，投资者、管理者可以了解企业一定时期内所有者权益的基本情况，所有者权益变动的原因以及变动因素对于利润的贡献究竟有多少。

第三，反映企业综合收益。

综合收益是指企业在一定时期内，与所有者之外的其他方面进行交易或发生其他事项而引起的净资产变动，包括净利润、直接计入所有者权益的利得和损失。

通过阅读所有者权益变动表，投资者、管理者可以了解企业的综合收益，进而全面了解企业的收益情况。

04 资本公积应该如何核算

资本公积是投资者或其他人(或单位)投入的，投资者所有，但不构成实收资本的那部分资本或者资产。

一、资本公积的项目

具体来说，资本公积来源于七个项目，如图5-4所示。

图 5-4 资本公积的项目

第一，资本(或股本)溢价。

资本（或股本）溢价指的是企业投资者投入的资金超过其在注册资本中所占份额的那部分。

第二，接受捐赠非现金资产准备。

接受捐赠非现金资产准备指的是企业因为接受非现金资产捐赠而增加

的那部分资本公积。

第三，接受捐赠现金。

接受捐赠现金指的是企业因接受现金捐赠而增加的资本公积。

第四，股权投资准备。

股权投资准备指的是企业对投资的长期股权进行核算时，因被投资单位资本公积变动影响其所有者权益变动，导致企业按其持股比例或投资比例计算而增加的资本公积。

第五，拨款转入。

拨款转入指的是企业收到国家拨入的技术改造、技术研究等专用款项后，按照规定转入资本公积的那部分。

第六，外币资本折算差额。

外币资本折算差额指的是企业接受外币投资时，因所采用的汇率不同而产生的资本折算差额。

第七，其他资本公积。

其他资本公积指的是除了以上各项资本公积之外的资本公积以及从资本公积各准备项目中转入的金额。

我们来举个例子。

某企业A在证券交易所购入企业B发行的股票80万股，每股市价为5元，其中包括企业B已经宣告但尚未发放的现金股利，每股为0.5元。在购入过程中，企业A支付的交易费用为2万元，将这部分股权投资转化为可供出售金融资产。一年后，该项可供出售金融资产的公允价值为400万元，那么企业A为该项投资计入的资本公积为多少。那么，400-80×（5-0.5）-2=38（万元），所以企业A投入的资本公积为38万元。

二、资本公积的会计核算

在会计规定中,资本公积按照资本溢价和其他资本公积两个明细科目进行会计核算。

第一,资本溢价。

资本溢价可以分为两种情况:一般企业的资本溢价和股份有限公司的股本溢价。

(1)一般企业的资本溢价。因为企业在创立时,需要经过筹建、生产经营、开拓市场等过程,使得投资具有风险性。而当企业开始正常生产经营时,其利润率通常都会高于创立阶段,所以,新投资者的付出要比原始投资者的出资额高一些,这样才能使得两者的投资比例相同。因此,投资者投入的资本要按照其投资比例来计算出资额,计入实收资本,超出的部分计入资本溢价。

(2)股份有限公司的资本溢价。当股票溢价发行时,企业发行股票的收入计入股本,而超出股票面值的溢价计入资本公积,相关交易费用,借记入股本溢价。当公司采取收购本公司股票的方式减资时,按照股票面值和注销股数计算的股票面值总额,借记入股本,其差额借记入股本溢价。而股本溢价不足冲减时,借记入盈余公积、未分配利润。

第二,其他资本公积。

其他资本公积我们只简单介绍以下两种。

(1)企业采用权益法核算长期股权投资时,其账面价值随着被投资单位所有者权益的增加而增加,以便保证其账面价值与应享有被投资单位所有者权益的份额相等。而对于被投资单位来说,除了实际净损益之外,还有因其他原因增加的资本公积也会影响净资产的变动。企业按照其持股比例计算的应享有的份额,借计入所有者权益其他变动。

(2)持有至到期投资重分类为可供出售金融资产,应在重分类日按该项持有至到期投资的公允价值,借计入可供出售金融资产。而已计提减值准备，则持有至到期投资减值准备，其差额借计入其他资本公积。

可以说，资本公积属于投入资本的范畴，因此资本公积的用途主要是增加实收资本或股本。虽然资本公积转增资本并不会让所有者权益的总额得到增加，但是改变了企业投入资本的结构，同时，提高了企业资本的流动性。另外，资本公积转增资本可以更好地反映投资者的权益，让债权人通过对项目的分析做出正确的决策。

05 盈余公积和留存收益增减需留意

留存收益是企业从历年实现的利润中留存于企业的内部积累，它是没有分配给所有者的盈利，包括盈余公积和未分配利润。

留存收益的增加额就是本期的利润留存额，即从当年实现的净利润中的留存。计算公式为：留存收益增加额=净利润×(1-股利支付率)或留存收益增加额=营业收入×营业净利率×利润留存率。

我们来举个例子。

某企业2020年销售收入为1000万元，净利润为50万元，利润留存率为20%。该企业2020年12月31日的资产负债表如表5-2所示（单位万元）。

表5-2 资产负债表（简表）

资产	期末余额	负债与所有者权益	期末余额
货币资金	15	应付账款	30
应收账款	35	长期借款	40
存货	50	实收资本	80
固定资产	110	留存收益	60
资产合计	210	负债与所有者权益合计	210

预计该企业2021年销售收入比上年增长20%，假设经营性流动资产和经营性负债与销售收入保持稳定，销售净利润率与利润留存率也保持不变。那么，2021年该企业预计留存收益增加额为：1000×（1+20%）×（50÷1000）×20%=12（万元）。

企业在计提法定盈余公积之后，可以根据企业的实际需要来提取任意盈余公积。一般来说，在用盈余公积弥补亏损或转增资本时，是先使用任意盈余公积，在任意盈余公积使用完之后，或是任意盈余公积不足时，才能够决定是否使用法定盈余公积。

在生产经营中，企业可能获得盈利，也可能发生亏损。一旦发生亏损，企业就需要用之前赚取的利润进行弥补，或是用提取的盈余公积来弥补。

我们来举个例子。

某企业发生了亏损，用任意盈余公积50万元来弥补，那么会计分录如下：

借：盈余公积——任意盈余公积　　500000
　　贷：利润分配——盈余公积补亏　　500000

盈余公积金还可以转增资本，经过股东大会决议批准后，用盈余公积转增企业资本金。在转增资本时，应该按照股东原有持股比例结转，而转增资本后所留存的该项公积数额不能少于转增资本前注册资本的25%。

对于股份制企业来说，是用盈余公积派发股息、红利，企业把从税后利润中提取的公积金用来转增注册资本，实际上就是用盈余公积向股东分配股息、红利，然后股东再用分得的股息、红利来增加资本。

留存收益增加，说明该企业生产经营中实现了获利，产生了资本积累，且获利水平得到提升。而留存收益减少，则说明企业在产生经营中出现了亏损，或是获利水平有所降低。除了要考虑盈余公积的问题，还需要考虑未分配利润。

在利润分配时，企业按照国家有关规定和企业章程、投资者协议等，对企业当年可供分配的利润进行分配。而未分配利润就是留在企业内部的，可在以后年度分配或待分配的利润。与其他所有者权益的其他部分比，企业对于未分配利润的使用具有很大的自主权。

本年利润的增加会引起未分配利润的增加；本年利润的减少会引起未分配利润的减少。另外，企业当年实现的利润总额要按照一定的顺序进行分配，即先弥补以前年度亏损，再缴纳所得税，然后再提取法定盈余公积、任意盈余公积，再分配优先股股利、分配普通股股利，最后剩下的盈利才是年终未分配利润。所以，以上因素的变动，也会影响分配利润的增减变动。

因此，在阅读所有者权益表时，报表使用者需要关注留存收益、未分配利润的变动，分析留存收益内部变动和总额的增减，找出问题的关键所在，进而分析企业的收入和利润是否保持稳定增长，股东股利、红利的分配是否能得到保障以及企业是否有足够的盈余公积和未分配利润，来弥补亏损且保障企业持续生产和发展。

第六章

关注附注披露
——发现报表背后隐藏的秘密

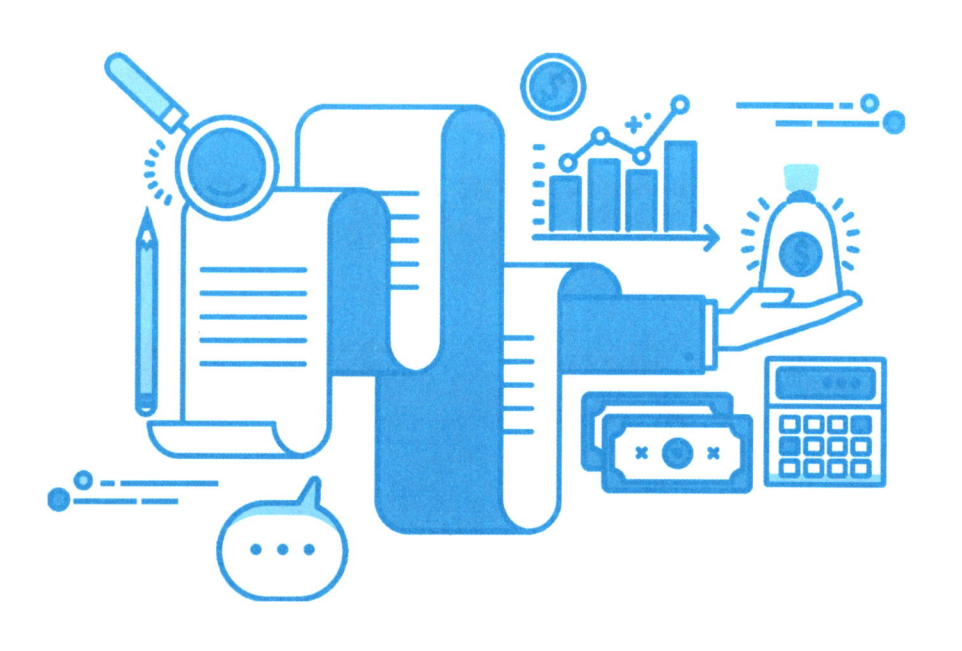

01 附注信息，不可忽视

附注是对资产负债表、利润表、现金流量表和所有者权益变动表等报表中列示项目的文字描述或明细资料，还包括对于未能在以上报表中列示项目的说明。

附注信息是对财务报表的补充说明，是财务报表不可或缺的重要组成部分。

那么，附注具体包括哪些内容呢？附注又具有哪些特性呢？

一、附注的具体内容

财务报表附注至少要披露八项内容，如图6-1所示。

01 不符合会计核算前提的说明
02 重要会计政策和会计估计的说明
03 重要会计政策和会计估计变更的说明以及重大会计差错更正的说明
04 或有事项的说明
05 资产负债表日后事项的说明
06 关联方关系及其交易的说明
07 会计报表中重要项目的说明
08 其他重大会计事项的说明

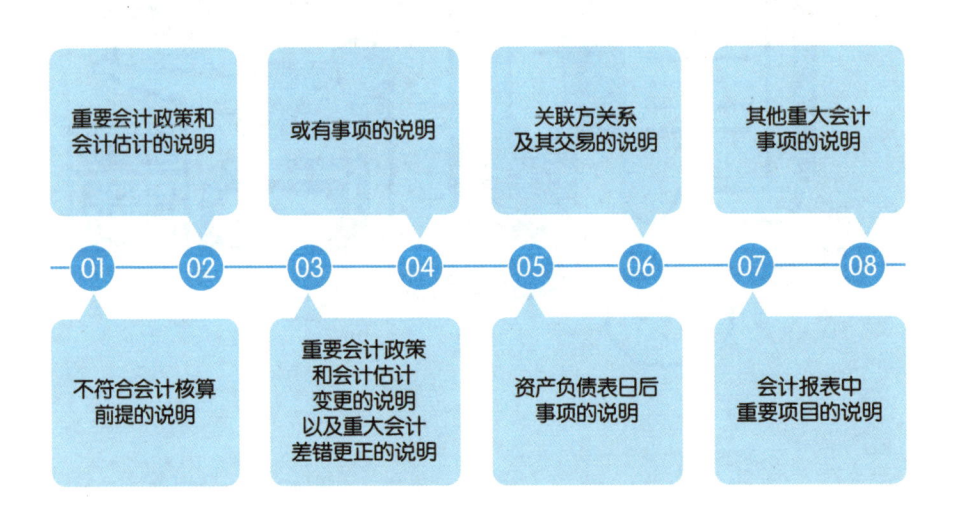

图6-1 财务报表附注主要披露的内容

第一，不符合会计核算前提的说明。

第二，重要会计政策和会计估计的说明。

第三，重要会计政策和会计估计变更的说明以及重大会计差错更正的说明。

这些说明主要包括会计政策变更的内容和理由；会计政策变更的影响数；累积影响数不能合理确定的理由；会计估计变更的内容和理由；会计估计变更的影响数；会计估计变更的影响数不能合理确定的理由；重大会计差错的内容；重大会计差错的更正金额。

第四，或有事项的说明。

第五，资产负债表日后事项的说明。

第六，关联方关系及其交易的说明。

第七，会计报表中重要项目的说明。

重要项目主要包括应收款项(不包括应收票据)及计提坏账准备的方法；存货、投资核算的方法；固定资产计价和折旧方法；无形资产计价和摊销的方法；长期待摊费用的摊销方法；收入的分类及金额；所得税的会计处理方法。

第八，其他重大会计事项的说明。

包括企业合并、分立；重要资产的转让或出售情况；重大投资、融资活动；合并会计报表的说明等。

除此之外，企业还需要在附注中披露的信息包括企业注册地、组织形式和总部地址；企业的业务性质和主要经营活动；母公司以及集团最终母公司的名称等。

二、附注的特性

财务报表附注主要有六个特性，如图6-2所示。

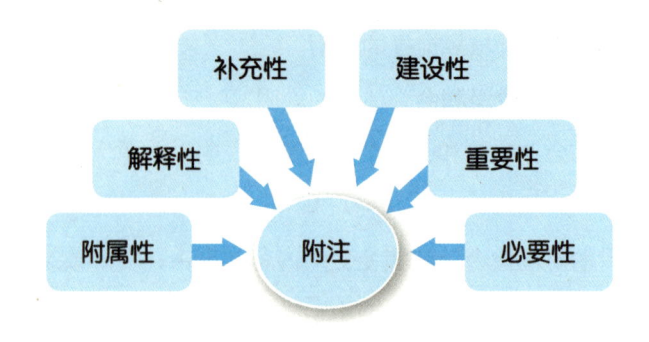

图 6-2　附注的六个特性

第一，附属性。

附注是财务报表的附属，没有财务报表的存在，附注也就失去了意义，其功能也就无法发挥。虽然附注处于从属地位，但是却不可缺少，没有附注的补充和说明，财务报表也很难反映其信息的有效性和翔实性。

第二，解释性。

因为经济业务是非常复杂的，而财务报表中的项目是会计信息的高度浓缩，所以企业需要通过附注对财务报表的编制基础、编制依据、编制原则和方法及主要事项等进行解释，只有这样，报表使用者才能更快理解其会计信息，并对其进行分析与判断。

第三，补充性。

附注的文字说明以及统计资料或定性信息，是对财务报表的会计信息的补充，保证了信息的完整性，弥补了财务报表中会计信息的局限性，更有利于使用者做出正确的决策。

第四，建设性。

除了解释和补充说明财务报表之外，附注还对其进行了分析和评价，同时有针对性地提出了一些建议。这些分析、建议对于报表使用者来说具有建设意义，比如，通过市场占有率、投入产出等信息，管理者可以了解企业的竞争力，发现企业的优势和劣势，进而通过提高生产率和产品质量来扩大市场占有率，最终提高企业利润。

第五，重要性。

很多时候，因为会计信息本身的局限性，其相关性和可靠性很难同时达到。但是，附注披露却提高了会计信息的相关性和可靠性，比如，或有事项，因为其发生的不确定性，不能直接在主表中确认。但是，当或有事项真实可靠或达到预期时，又因为不具有及时性而错失了相关性。所以，我们可以通过在附注中进行披露来提高或有事项的相关性。

因为经济环境的复杂性，不同行业具有不同特点，同时各个企业各时期的情况又会发生变化，所以导致不同企业之间会计信息的可比性降低。但是，附注中却可以披露企业的会计政策和会计估计的变更，增强不同行业、不同企业之间信息的可比性，促进投资者做出正确的决策。

所以，财务报表附注的重要性体现在两个方面：其一，提高会计信息的相关性和可靠性；其二，增强会计信息的可比性。

第六，必要性。

附注与财务报表是不可分割的，它不仅可以让使用者全面地了解企业的财务状况，还缓解了财务报表披露信息方面的压力，增强了财务报告体系的灵活性，使得财务报表中的信息更容易理解。

需要注意的是，附注中对于财务报表中不能包括的内容或者披露不详尽的内容进行了进一步解释说明，比如，对基本会计假设发生变化、会计报表各项目的增减变动做了解释说明。但是在实际操作中，一些企业在会计核算时改变会计政策，但是在附注中不作说明，这是错误的，存在误导和欺骗报表使用者的嫌疑。

02 正确理解财务报表附注

附注有利于财务报表使用者理解和使用会计信息，这就要求使用者不仅要关注附注披露的信息，更要正确理解这些信息。在关注附注信息的同时，与财务报表中的信息进行对比分析，才能理解得更充分，避免做出错误的判断。

如何正确理解财务报表附注，我们可以从十个方面入手。

第一，从关键性会计政策入手。

会计政策是指企业进行会计核算、编制财务报表时采用的具体原则、方法和程序。主要的会计政策包括总说明、会计科目、会计报表以及主要会计事项分录举例等。其中，会计科目包括会计科目表、会计科目使用说明；会计报表包括会计报表种类和格式、会计报表编制说明等。

分析财务报表的一个主要目的就是评估企业对于一些关键性因素与风险的管理。而与关键性因素有关的交易，会计处理方式会影响到企业的利润。所以，财务报表使用者需要确定并评价企业测定这些关键性因素和风险的会计政策。

因为企业的营业性质不同，关键性的会计政策也不同。比如，银行的关键性会计政策是呆账的估计；保险公司的关键性会计政策是保险理赔的估计。通过分析关键性会计政策，我们可以深入了解这些关键性因素以及企业可能遇到的风险，同时判断财务报表中的信息是否充分、真实。

第二，不可忽视会计政策的弹性。

因为企业经济事项是复杂的，具有很大的不确定性，所以导致会计政策也有很大弹性。比如，企业的折旧政策有一定的灵活性，可以采用直线折旧法，也可以采用加速折旧法；存货会计政策也有一定的灵活性，可以采取后进先出、先进先出或平均成本等不同方法。

会计政策的选择对于企业的运营状况有着一定的影响，也为企业提供了处理数据的机会。根据现行会计原则，允许会计政策弹性的存在，但是会计政策弹性越大，会计信息扭曲或做假账的可能就越大。

所以，报表使用者需要关注会计政策的弹性，了解使用会计政策背后的动机。我们需要注意四个问题：企业的会计政策与行业的通用做法是否一致；企业是否存在滥用会计弹性的倾向；企业是否改变其会计政策和假设；企业过去的会计政策和假设是否符合事实等。

第三，关注企业会计政策和会计估计的变更。

企业变更会计政策和会计估计，可以实现盈利管理，甚至操纵利润的多少。

在关注会计政策变更时，报表使用者需要了解报表合并政策变化，关注合并范围的变化，是否缩小了合并范围，从而抵消了内部利润。同时，还需要了解收入确认标准和确认程序是否发生变化，是否试图减少企业的亏损。

在关注企业会计估计变更时，财务报表使用者需要关注坏账计提比率是否发生变化，是否存在隐瞒利润、增加当期的管理费用的情况；关注固定资产的折旧率、使用年限与净残值估计是否发生变化，是否存在延长固定资产折旧年限或调高净残值估计的情况。除此之外，还需要关注递延资产摊销期的变化，通过延长或缩短估计的摊销期来调节利润。

简单来说，关注会计政策、会计估计的变更，可以让财务报表使用者了解企业是否存在操纵利润的嫌疑，以免错误地判断企业业绩。

第四，对期后事项和或有事项保持着敏感。

报表使用者要关注报表中的期后事项和或有事项，因为这些信息可能反映一些重要性问题。比如，企业期后投资决策是否存在较大失误，投资效益如何，持续经营能力如何；是否存在所得税减免无法估计、法律诉讼等重大不确定因素；应收票据贴现、应收账款抵押、通融票据和其他债务是否存在担保；披露的相关资料与审计附送资料是否一致等。

如果企业不关注期后事项和或有事项，就很难发现企业是否有巨额的对外担保。一旦存在这巨额对外担保，企业就可能存在着或有损失，甚至存在着经营风险。

第五，警惕重点财务报表的陷阱项目。

关注附注时，报表使用者必须关注重点财务报表的陷阱项目，对财务报表进行深入透彻地分析。

比如，应收账款、其他应收款的账龄和可收回性是比较难准确判断的，本身就具有较大的陷阱风险。如果报表使用者不能重点关注这些项目，分析企业是否对其账龄进行了人为操控，就可能落入陷阱，导致投资的资金受损。

第六，资产负债表外交易也不可忽视。

顾名思义，它是资产负债表之外的交易，交易所产生的利润和风险都不计入报表。但是，很多企业为了突出企业的财务实力，往往会利用表外交易的安排来规避资产及负债的入账，使得投资者做出错误的判断。

第七，关注非货币性交易。

非货币交易包括转让土地、转让股权等，企业没有现金流入，只是借记应收款，同时确认转让利润。报表使用者要确认非货币交易的合法性，考察其是否通过非法渠道将资金拆借出去，或是投资子公司。只有确定其合法性，且数额适应，才能说明企业具有正常的生产经营能力和获利能力。

第八，重视企业的资产重组、控股和购并。

在生产经营过程中，企业避免不了资产重组、控股及购并事件，而这些事件对其股价的影响是非常大的。

报表使用者需要分析资产重组的具体情况，包括股权变更的标志、重组相关公司的资产是否优质、不良资产的计价标准是否一致，被购并方的债权债务的真实性，被购并方是否存在着或有负债或损失等。只有弄清这些问题，投资者、债权人才能降低风险。

第九，重视关联方及其关联交易。

很多企业会利用关联交易来进行利润操纵，所以投资者要关注关联方之间购销商品、提供劳务交易、重大资产收购、出售交易等情况，看企业是否存在操纵利润的嫌疑。

第十，关注重大性原则的应用。

报表使用者要关注企业是否正确应用重大性原则，因为会计实务的处理重大与否，具有一定的主观性。比如，如果报表使用者发现存货的跌价损失准备存在着差异，企业却以不具重大性为由不予调整财务报告，那么就会影响其判断。

03 附注也有局限性

虽然财务报表附注可以对财务报表进行解释补充，以灵活的方式来丰富报表的会计信息的数量和内容，使得会计信息变得更加完整、可靠、容易理解。但是，附注也存在着一定的局限性。

财务报表附注的局限性主要体现在七个方面，如图6-3所示。

- 信息披露不充分
- 附注内容具有滞后性
- 附注存在虚假信息
- 附注内容中缺少相关部门的监督和评价
- 文字过多，直观性不强
- 充分性和重要性的矛盾
- 存在滥用注释的情况

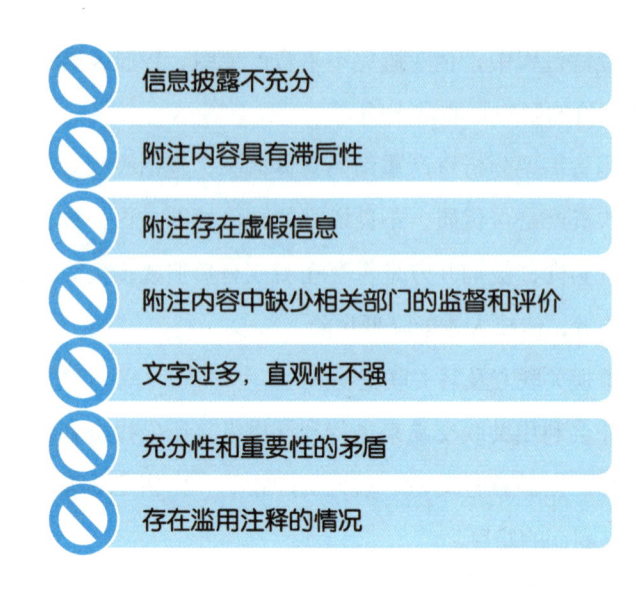

图 6-3　财务报表附注的局限性

第一，信息披露不充分。

附注信息想要发挥更重要的作用，就需要充分、有效地表达。但是，很多企业的附注披露尤其是重要信息的披露并不充分，有的避重就轻，有的化繁为简。比如，对关联方交易的披露，需要披露关联方关系的性质、交易类型以及交易要素。除此之外，还包括交易金额和相应比例、未计算项目金额和相应比例、定价策略、关联方签订的协议等。但是很多企业的披露并不充分，使得报表使用者无法通过信息更详细地了解关联交易的利润情况。

企业需要客观、充分地披露需要披露的信息，但是一些不需要披露的信息也没有必要进行披露。比如，关联方交易的披露，不需要在合并报表中披露，也包括在合并报表中的企业集团成员的交易，即集团内子公司之间的交易。

第二，附注内容具有滞后性。

因为一些企业管理者、财务人员的专业素质不高，对于或有事项发生不能及时进行披露，或是未能全部披露，导致信息披露的滞后性。

有些企业则故意延后或有事项信息的公布，使得信息不能及时地披露。这种行为是错误的，存在着欺骗报表使用者的嫌疑。比如，未作记录的或有负债、可能的质量事故赔偿等事项没有披露，会导致报表使用者错误地估计企业的价值，做出错误的判断。

第三，附注存在虚假信息。

很多企业因为种种原因，利用会计报表附注发布虚假信息，或隐藏真实信息，或给予报表使用者误导。而附注中的虚假信息，如果不是专业人士很难及时发现，这也导致报表使用者做出错误的决策，甚至造成巨额经济损失。

第四，附注内容中缺少相关部门的监督和评价。

任何企业都不是孤立存在于社会中，都需要与政府部门，如工商、税务、质检等部门进行密切联系。但是，企业对外的附注资料，却没有涉及这些部门评价企业的内容，如税务机关评价企业纳税义务的履行情况，质检部门对其产品质量的评价等。这也使得投资者、债权人无法直观了解企业的纳税情况以及市场优势。

第五，文字过多，直观性不强。

附注中过多地采用了文字解释和说明，与报表中高度概括的数字信息相比，直观性不强，不利于报表使用者理性判断，还有可能起到误导作用。

第六，充分性和重要性的矛盾。

因为市场环境的变化，企业业务的发展，使得财务人员很难把握具体哪些项目、事项、业务需要详细注释与说明，这也使得附注的充分性和重要性原则产生了矛盾。这两者之间的矛盾，实际上是财务人员与报表使用者之间的矛盾。

第七，存在滥用注释的情况。

因为附注不像财务报表数据那样，在列示、陈述等方面有较强的限制性，而是具有很大的弹性。所以，很容易出现需要注释的没有注释，不需要注释的却注释了的情况，很容易使报表使用者陷入产生疑问。

那么，如何避免以上这些情况的产生呢？

第一，拓展附注信息披露制度的覆盖范围。

财务报表附注信息的披露制度应该覆盖所有类型、不同规模的企业，完善其披露制度。其他类型企业都需要参照上市企业的相关规定来披露。

第二，加强附注信息披露的规范性和原则性。

在附注信息披露的过程中，既要保护投资者、债权人的利益，又要保护企业的利益。在披露中，让报表使用者全面充分地了解企业的财务信息，同时也要避免过度披露，应该详细披露的信息详细披露，应该从略披露的信息从略披露，不应该披露的信息不披露。

第三，提高附注信息披露的质量。

在附注披露中，要充分反映企业的财务信息，让报表使用者充分了解企业的财务状况、经营成果、现金流量，更要让使用者了解预测性信息，能够预测企业未来的发展前景以及可能遇到的风险。

04 会计差错——账做错了，怎么办

会计核算时，经济事项或交易需要经过确认、计量、记录和报告，最后输出对信息使用者有用的会计信息。但是因为种种原因，确认、计量、记录等方面也会出现错误。这就是会计差错。会计差错如果得不到及时、正确地更正，不仅会导致会计信息不可靠、不真实，还会误导投资者和债权人，使其做出错误的判断和决策。

一、会计差错产生的原因

产生会计差错，主要有三个原因，如图6-4所示。

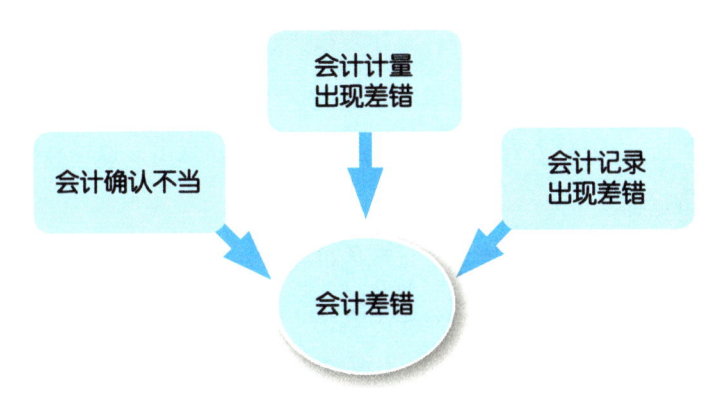

图6-4　产生会计差错的主要原因

第一，会计确认不当。

会计确认是指依据一定标准识别确定发生的经济业务是否能作为会计要素计入会计报表中。比如，提前或推迟确认收入，或不确认实现的收入在期末应计项目与递延项目中未按时调整，因而产生会计差错，错误地划分资产性支出和收益性支出，也会产生会计差错。会计差错的产生可能是人为的，目的是进行会计舞弊，欺诈投资者或债权人。

除此之外，一些企业还可能产生与真实性不符的会计差错，比如，把应该确认为营业收入的某项建造合同确认为销售收入，导致信息不真实。

第二，会计计量出现差错。

会计计量是用货币或其他量度单位计量各项经济业务及其结果。

在计量方面可能存在两种会计差错，其一，与实物数量不符，比如，对发出材料的计量不准确，导致期末存货出现盘盈或盘亏现象。其二，与计量属性和计量单位不符，比如，接受捐赠的固定资产如果活跃在市场上，应该按照现行市价，加上应付税费来计价。如果按照历史成本计价就会产生会计差错，导致会计信息失误。

第三，会计记录出现差错。

会计记录由财务人员来执行，有可能会操作不当，比如，出现算盘误计、眼误或笔误，就会导致会计差错产生。如果财务人员专业性不强，对会计工作不熟悉，比如，凭证填写不准确、红笔运用不当，也会产生会计差错。同时，由于财务人员的习惯性错误或条件性错误，也容易导致会计记录方面的差错。

会计记录发生错误，比如，记账凭证正确，在登记账簿的过程中发生错误，导致账簿记录出现差错。这个时候，需要采取划线更正法来解决，即把错误的文字或数字划线注销，把数字划成红线，然后在划线的上方正确填写相应的文字和数字。如果数字出现错误，必须全部画红线处理，不能只修改错误的数字。

有一点需要注意，更正之后，必须在更正的地方盖章。

除此之外，企业财务管理出现问题，有关人员职责权限范围不明，或责任心不强，也是会计差错产生的原因。

二、会计差错的账务处理

虽然产生会计差错的原因有很多，但是账务处理却只需要从三个方面来考虑。

第一，差错的发生时间。

差错的发生时间可以分为日后期间发现的差错和当期发现的差错。

第二，差错的所属期间。

差错的所属期间可以分为属于当年的差错和属于以前年度的差错。

第三，差错的重要性。

差错的重要性可以分为重大会计差错和非重大会计差错。

重大会计差错，是指金额比较大，且使企业发布的会计信息缺乏可靠性的差错。重大会计差错金额占该类交易或事项的金额10%以上。而非重大会计差错，则是金额比较小，不会影响会计信息可靠性的差错。

对于发生的重大会计差错，如果影响到利润或亏损的，计入"以前年度利润或亏损调整"，并对其进行调整。还需要对会计报表中的相关项目的期初数一并调整。如果不影响利润或亏损，就只调整相关项目的期初数即可。

对于非重大会计差错也是如此，如果这个差错属于与前期相关的非重大会计差错，需要调整当期与前期相同的相关项目。如果影响利润与亏损，直接则计入本期与上期相同的净利润或净亏损；如果不影响，则调整本期与前期相同的相关项目即可。

三、会计差错更正

最后，我们要关注会计差错更正的说明。这里的会计差错，专指前期会计差错，是因为没有运用或错误运用前期财务报表时预期能取得并加以考虑的可靠信息，或前期财务报告批准报出时能取得的可靠信息，使前期财务报表产生了漏报或错报。

前期会计差错主要包括计算错误、应用会计政策错误、疏忽或曲解事实以及舞弊产生的影响、存货和固定资产盘盈等。

在进行会计更正时，企业还需要在附注中披露与前期差错更正相关的信息。包括前期会计差错的性质、前期财务报表中受影响的项目名称和更正金额。无法进行追溯重述的差错需要说明事实和原因以及对其更正的时间、具体情况。

总之，会计差错会影响财务报表使用者了解企业的财务状况、经营成果和现金流量。企业需要在附注中进行进一步说明，披露具体的更正信息，帮助投资者或债权人做出正确判断。

05 财务报表重要项目中的诸多"秘密"

财务报表附注中重要项目的说明包括八个方面的内容：不符合会计假设的说明；重要会计政策和会计估计及变更情况、变更原因及其对财务状况和经营成果的影响；或有事项和资产负债表日后事项的说明；关联方关系及其交易的说明；重要资产转让及其出售说明；企业合并、分立的说明；重大投资、融资活动；会计报表中重要项目的明细资料；会计报表中重要项目的说明有助于理解和分析会计报表需要说明的其他事项。

在附注中，应该按照资产负债表、利润表、现金流量表、所有者权益变动表及其项目列示的顺序，用文字和数字描述相结合的方式来进行说明。重要项目的明细金额合计，应该与报表内项目的金额相一致。

下面，我们来看一些重要项目的披露以及披露格式，主要有三种。

一、存货的披露和披露格式

在附注中，企业需要披露与存货有关的相关信息，包括各类存货的期初和期末账面价值；确定发出存货成本所采用的方法；存货可变现净值的确定依据；存货跌价准备的计提方法以及当期计提的金额和有关情况；当期转回的存货跌价准备的金额以及转回的有关情况；用于担保的存货账面价值。

存货和存货跌价准备的披露格式如表6-1、表6-2所示。

表6-1 存货的披露格式

编制单位：　　　　　____年____月　　　　单位：元

存货种类	年初账面余额	本期增加额	本期减少额	期末账面余额
1. 原材料				
2. 在产品				
3. 库存商品				
4. 周转材料				
5. 消耗性生物资产				
……				
合　　计				

表6-2 存货跌价准备的披露格式

编制单位：　　　　　____年____月　　　　单位：元

存货种类	年初账面余额	本期计提额	本期减少额 转回	本期减少额 转销	期末账面余额
1. 原材料					
2. 在产品					
3. 库存商品					
4. 周转材料					
5. 消耗性生物资产					
6. 建造合同形成的资产					
……					
合计					

另外，在说明中，还需要披露消耗性生物资产的相关信息，包括年初账面余额、本期增加额、本期减少额、期末账面余额。

二、固定资产的披露和披露格式

在附注中,企业应该披露与固定资产相关的信息,包括固定资产的确认条件、分类、计量基础和折旧方法;固定资产的使用寿命、预计净残值和折旧率;固定资产的期初和期末原价、累计折旧额及固定资产减值准备累计金额;当期确认的折旧费用;对固定资产所有权的限制及其金额和用于担保的固定资产账面价值;准备处置的固定资产名称、账面价值、公允价值、预计处置费用和预计处置时间。

固定资产的披露格式如表6-3所示。

表6-3 固定资产的披露格式

编制单位:　　　　　　年　　月　　　　　　单位:元

项目	年初账面余额	本期增加额	本期减少额	期末账面余额
一、原价合计				
其中:房屋、建筑物				
机器设备				
运输工具				
……				
二、累计折旧合计				
其中:房屋、建筑物				
机器设备				
运输工具				
……				
三、固定资产减值准备累计金额合计				
其中:房屋、建筑物				

续表

项目	年初账面余额	本期增加额	本期减少额	期末账面余额
机器设备				
运输工具				
……				
四、固定资产账面价值合计				
其中：房屋、建筑物				
机器设备				
运输工具				
……				

三、资产减值的披露和披露格式

在附注中，企业应该披露与资产减值有关的信息，包括当期确认的各项资产减值损失金额；计提的各项资产减值准备累计金额提供分部报告信息的，应当披露每个报告分部当期确认的减值损失金额。

如果企业发生重大资产减值损失，则需要在附注中披露导致每项重大资产减值损失的原因以及当期的减值损失的金额。如果是单项资产发生重大减值损失，则应该披露这个单项资产的性质。如果是资产组发生重大减值损失，则应该披露资产组的基本情况、各项资产当期确认的减值损失金额；与前期相比发生变化的还应该披露其变化原因以及前期和当期资产组的组成情况。

同时，还需要披露资产或资产组可收回金额的确定方法。如果按资产的公允价值减去处置费用后的净额确定可收回金额，则应披露这个净额的估计基础。如果按照资产预计未来现金流量的现值来确定可收回金额，则应披露估计其现值时的折现率以及资产前期可收回金额的折现率。

除此之外，还需要披露分摊到该资产组的商誉的账面价值、可收回金额的确定方法等信息。

资产减值准备的披露格式如表6-4所示。

表6-4　资产减值准备的披露格式

编制单位：　　　　____年____月　　　　单位：元

项目	年初账面余额	本期计提额	本期减少额		期末账面余额
			转回	转销	
一、坏账准备					
二、存货跌价准备					
三、可供出售金融资产减值准备					
四、持有至到期投资减值准备					
五、长期股权投资减值准备					
六、投资性房地产减值准备					
七、固定资产减值准备					
八、工程物资减值准备					
九、在建工程减值准备					
十、生产性生物资产减值准备					
其中：成熟生产性生物资产减值准备					
十一、油气资产减值准备					
十二、无形资产减值准备					
十三、商誉减值准备					
十四、其他					
合计					

总之，这些报表重要项目的说明与披露是报表使用者辨别财务报表反映其财务状况、经营成果和现金流量情况是否真实可靠的一个重要线索。在阅读和分析财务报表时，我们需要结合其说明与披露全面深入地分析表内项目和数据，提高对报表信息的理解与认识。

第七章

学会分析财务报表
——打好"组合拳"

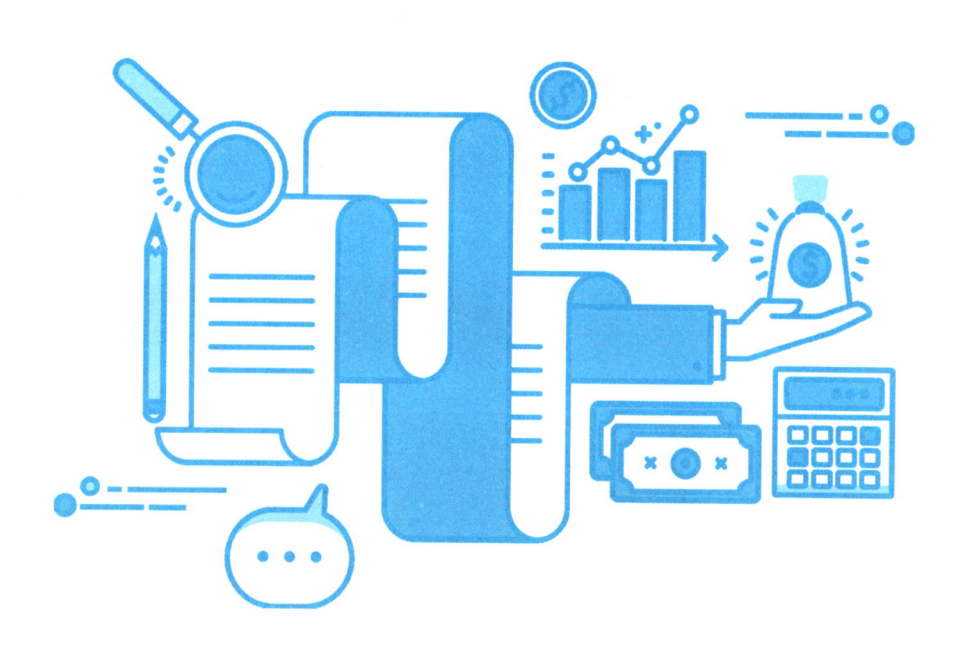

01 财务报表分析方法知多少

想要对企业经营业绩与财务状况了解地更透彻，透过财务报表的内容来透视企业经济活动的内在联系，帮助自己做出正确的预测、判断与决策，财务报表使用者必须对报表进行分析，从复杂的会计数据和会计程序中获取最有价值的信息。而想要分析得更透彻、更准确，就必须掌握不同的分析方法。

目前，财务报表分析主要有四种分析法，如图7-1所示。

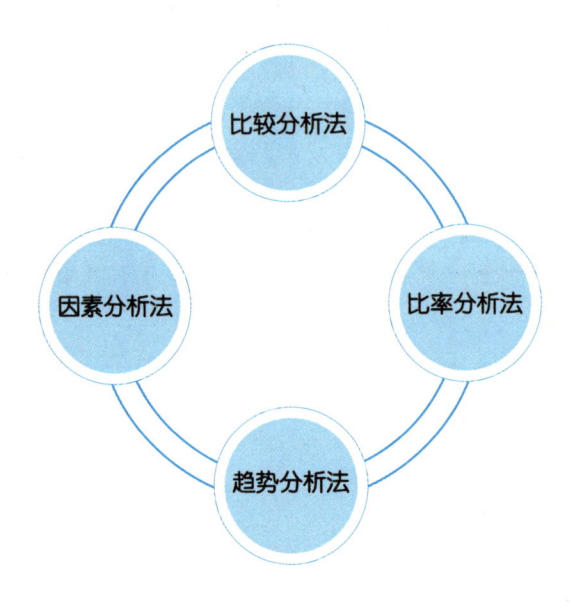

图 7-1 财务报表分析的四种分析法

一、比较分析法

比较分析法，又叫作水平分析法，是通过比较经济指标的数量，揭示各经济指标数量上的变化。比较分析法是最基本、最常用的分析方法，可以将本期和上期进行对比，也可以将本企业与同行业其他企业进行对比。

一般来说，比较的结果以差异额和差异率的形式来表示。

计算公式为差异额=比较指标数量−被比较指标数量。

$$差异率 = \frac{差异额}{被比较指标数量} \times 100\%。$$

其中，比较指标包括实际指标、本期指标、本企业指标；被比较指标包括预算或定额指标、上期指标或历史最好水平指标、行业平均水平指标或行业中优秀企业指标。

利用比较分析法，我们可以找到指标间存在的差异、产生差异的原因，进而判断企业的财务状况和经营成果是否良好，以及生产经营活动是否有较好的收益，资金的投向是否安全。

比较分析法分为绝对数比较分析法和相对数比较分析法两种形式。

第一，绝对数比较分析法。

绝对数比较分析法是把财务报表中各个项目的绝对数额与被比较对象的绝对数额进行比较。一般通过编制比较财务报表来进行，如资产负债表和利润表。比较资产负债表是将两期或两期以上的资产负债表项目并列，观察资产、负债及所有者权益等每个项目的增减变化的绝对数。

某企业2020年资产总额为1000万元，2021年的资产总额为1500万元，那么本期和上期的差异额为500万元。2020年负债为600万元，2021年负债为900万元，那么本期和上期的差异额为300万元。

第二，相对数比较分析法。

相对数比较分析法是利用财务报表中相关数据的相对数进行比较，也就是说，把绝对数换算成百分比、结构比重、比率来进行比较。这种方法可以揭示企业某一方面的偿债能力、获利能力等。

将某企业利润和成本费用换算成成本利润率，2020年的成本利润率为20%，2021年的成本利润率为15%，那么本期和上期的差异额为5%。

在实际工作中，我们应该同时使用绝对数比较分析法和相对数比较分析法这两种方法，绝对数比较法可以揭示金额的差异，而相对数比较分析法则可以说明变动的程度，使判断更加准确与充分。

二、比率分析法

比率分析法是通过计算对比两个相关财务指标的比率，来确定相对数的差异。

在财务报表中，有重要联系的相关数字非常多，如资产总额和负债总额、流动资产和流动负债，前者可以计算出资产负债率，后者可以计算出流动比率。

比率分析法是一种非常重要的分析方法，财务报表使用者可以根据一项或几项利率来了解企业某一方面的财务状况和经营业绩，或者了解企业的偿债能力和运营能力。

比率指标按照指标对比特性的不同，可以分为三种类型，即结构比率、效率比率和相关比率。

第一，结构比率。

结构比率，也叫作构成比率，是计算某项财务指标各项组成部分占总体的比重，反映了部分与总体的关系。其中，流动比率、速动比率、负债比率、固定资产比率都属于结构比率。

通过对结构比率的分析，可以掌握财务指标的特性和变化趋势，能够考察这些指标的构成项目的比例是否合理。

第二，效率比率。

效率比率是某项经济活动中所费与所得的比率，可以考察企业的经营成果和经济效益。

例如，把利润和销售成本、销售收入进行对比，计算出成本利润率、销售利润率，这样就可以让财务报表使用者分析出企业的获利情况和获利能力的高低。

第三，相关比率。

相关比率是把某个项目与相互关联但性质不同的项目进行对比后得出的比率。比如，把速动资产与流动负债进行对比，计算出速动比率，可以判断企业偿还流动负债的能力。

在运用比率分析法时，我们需要注意一点，比率是两个指标对比的结果，其中任何一个指标的变化都会引起结果的变化。所以，在进行财务报表分析时，我们应该找到比率发生变化的原因，然后作进一步的分析。

三、趋势分析法

趋势分析法是把两期或两期以上的相同指标或比率进行对比，分析它们增减变动的方向、数额和幅度。

趋势分析法主要有两种方式，水平分析法和垂直分析法。

第一，水平分析法。

水平分析法也叫作横向比较法，即在财务报表中，对各个项目的本期或多期的金额与基期金额进行对比，观察企业财务状况与经营成果的变化趋势。

通过观察和分析财务报表中各项目的增减变动情况，可以发现重要的异常变化，再分析变化的原因，进而对企业未来的经营状况进行预测。

第二，垂直分析法。

垂直分析法也叫作纵向比较法，即分别计算某一项目与基础项目金额的结构百分比，把本期与前一期或前几期的结构百分比进行汇编、比较，找出其所占比例的变化情况，进而判断企业的经营成果和财务状况的发展趋势，如企业应收账款的变化趋势。

同样，把水平分析法和垂直分析法结合起来，才能让我们更深入、更透彻地了解企业的经营成果与财务状况的变化趋势，进而做出正确的评价和预测。

四、因素分析法

因素分析法是根据分析指标与其影响因素的关系，按照一定的程序来确定各因素对分析指标的影响程度的分析方法。

价格的变动、成本的增减、销售量的增减等，都是影响利润的因素。通过因素分析法，对构成综合性财务指标的各项因素进行分解，我们可以判断这些因素的变动对利润的影响程度，然后找到变动的真正原因，最后进行调整和改进。比如，利润变动的原因是因为成本的增加以及销售价格的降低，那么我们就需要降低成本、提高价格，实现利润的增加。

按照具体计算方法的不同，因素分析法可以分为连环替代法和差额计算法。

总之，不管使用哪一种分析方法，都需要结合财务报表中的会计信息，实事求是进行分析与判断，这样才能做出正确的决策。

02 分析的对象要分明

财务报表分析的对象是企业的各项基本活动，包括筹资活动、投资活动和经营活动。财务报表是企业活动的总结，包含很多有价值的信息，而财务报表分析就是从财务报表的数据中获得报表使用者所需要的有效信息，了解企业的活动特点，评价企业的经营成果，进而解决企业的问题。

因为企业的最终目标是获得经济利益，而想要获得并扩大经济利益，企业必须在市场上进行经营活动。进行经营活动的基础条件是资产，没有资产，一切经营活动都无法开展，所以，企业为了取得所需的资产必须进行投资活动。接下来，想要进行正常的投资活动，企业必须取得投资所需的资金，也就是进行筹资活动。因此，任何企业都必须从事筹资活动、投资活动和经营活动，而其他活动也是为这三项活动服务的。（如图7-2所示）

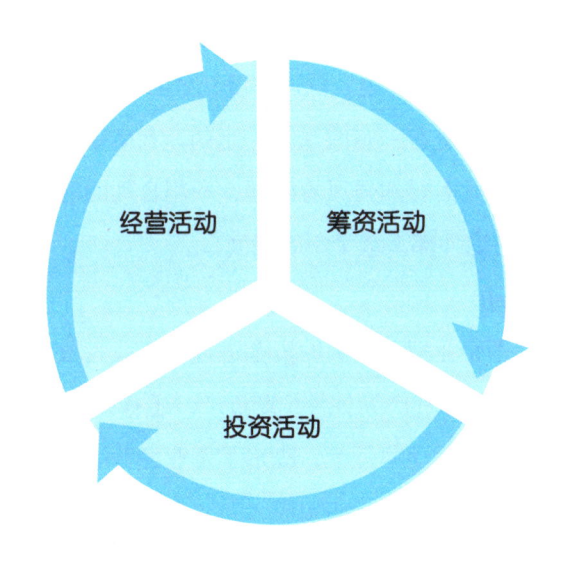

图7-2 企业的三项基本活动

一、筹资活动

筹资活动是企业为了进行投资和经营活动而筹集所需要的资金。主要包括吸收投资、发行股票和债券、分配利润等。

筹资活动的结果是取得运用先进的权利以及产生对债权人和所有者的义务，前者反应在资产上，后者反映在负债和所有者权益上。而运用资产进行经营活动，可以获得一定的经济收益，这反映在利润上。筹资活动的过程是现金流入企业以及现金回流到提供者手中。现金的流入和流出，体现在现金流量表中。

而在筹资的过程中，企业需要考虑两个因素。

第一，所需筹资的数额、资金的来源是所有者还是债权人，偿还期限是多长等。

一般来说，企业资金的潜在来源是资本市场，企业的筹资决策与资本市场的状况有直接的关系，要根据市场状况和资金需要来进行正确的决策。同时，企业还需要考虑影响筹资的因素，包括内部因素和外部因素。前者包括企业的组织形式、规模业绩、资产结构、资本结构等；后者除了资本市场环境，还有经济环境、法律环境、金融环境等。

第二，筹资活动也有一定的风险。比如，利率带来的风险、负债结构所产生的风险，企业需要加强风险管理，利用合理的筹资方案来分散筹资风险，减轻企业受到外部力量牵制的程度。

二、投资活动

投资活动是指企业把筹集到的资金进行投资或者做其他处置，主要包括购置固定资产、无形资产等各种长期资产，还有各种流动资产。

投资活动是筹资活动的延续，决定了企业经营活动的规模、类型和具体方式、企业持有资产的总量和构成，同时直接决定了企业的生产经营能力、组织结构等。

投资活动的直接结果是取得非现金资产，最终结果是赚取收益，前者体现在资产负债表中，后者体现在利润表中。而投资活动的过程，是现金的流出和流入，体现在现金流量表中。不过，这部分现金的流出和流入，与筹资活动的现金流出与流入不同，它反映的是投资活动产生的现金流量，而后者体现的是筹资活动产生的现金流量。

不同的企业，行业特点也不同，投资活动也不同。投资活动包括实物物产投资和金融资产投资。企业在投资时需要考虑以下问题：企业投资项目有哪些特色、是否存在经营创新、需要资金的数额、使用资金的期限是多长。

同时，投资活动也存在着一定的风险，如政策的变化、管理措施的失误、利率的上升等，企业要做好风险的衡量，想要获得高回报的同时要提高风险意识。在实际投资收益与预期收益相差甚远时，企业也需要衡量其投资风险，及时做好决策，避免造成更大的经济损失。

三、经营活动

经营活动是企业运用资产获取经济收益的活动，是投资活动和筹资活动以外的所有交易和事项，主要包括研究与开发、采购、生产、销售和人力资源。

经营活动是企业经济收益的重要来源，经营活动分析也是财务分析中最重要的一部分。因为投资和筹资的效果，最终只能在经营收益中体现。

不同企业类型需要不同的资产，而不同的企业类型经营范围也不同。比如，商业企业的经营活动范围包括销售商品、提供劳务、经营性租赁、购买商品、接受劳务、广告宣传、推销产品、缴纳税款等。

经营活动产生的现金流是所有财务报表中最重要的指标之一，是企业自身"造血"能力的体现，它主要反映了企业在销售商品、提供劳务、购买商品、接受劳务、缴纳税款等活动中的现金流动。

经营活动的直接结果是取得收入和支出成本，主要体现在利润表中。

总之，财务报表的分析对象是企业的三项基本活动，同时这三项基本活动是相互联系的，不能把它们割裂开来。筹资活动是投资活动的前提，经营活动是投资活动的延续；投资活动决定了经营活动的规模、类型和具体方式，而利润虽然是经营活动的结果，但是却不能孤立地去看，必须把利润和所占有的资产联系起来。

通过对财务报表的分析，我们不仅可以理解和认识企业的筹资和投资活动的方针和业绩，还可以对经营活动进行自我诊断，判断企业的活力、竞争力以及资金运作能力，进而做出正确的决策以及有针对性的对策。

03 当好家，知家底——学会分析资产负债表

资产负债表是企业财务报告中的三大表之一，运用正确、科学的方法来分析，不仅可以了解企业的实力，还可以了解企业的财务状况和偿债能力。这对于投资者来说，是非常重要的。

对于资产负债表的分析，必须从四个方面着手。（如图7-3所示）

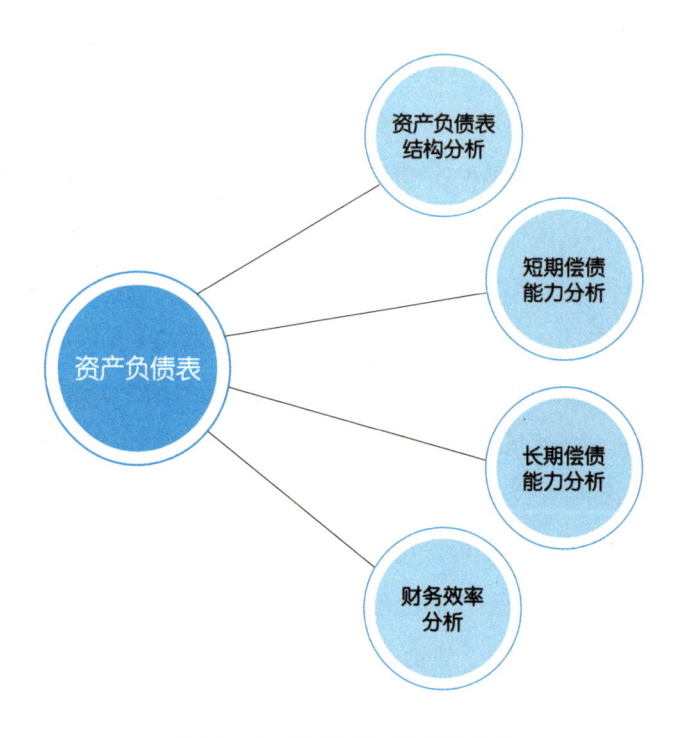

图7-3　从四个方面分析资产负债表

一、资产负债表结构分析

可以从两个方面分析资产负债表。

第一,资产结构分析。

资产结构是各种资产占总资产的比重,主要是固定资产和流动资产占总资产的比重。

比如,某企业流动资产占总资产的比例为65.3%,非流动资产占总资产的比例为34.7%。流动资产比重比较高,占有了大量资金,降低了流动资产周转率,使得企业资金利用不充分。结果是企业投资和生产经营活动受到限制,导致企业获利能力受到影响。

同时,资产构成要素分析也是非常必要的。其中,资产中的现金、应收账款、存货等主要要素的数量和比重,直接影响企业的生产经营和发展。比如,现金持有比率过高,但是企业没有合理地进行投资,所以对于资金的利用不充分,同时还增加了持有现金的机会成本和管理成本。再比如,应收账款的比重过高,说明企业现金流入出现问题,极有可能导致坏账危机。而存货在资产中所占比重较大,也不利于企业现金的回流,可能会导致企业资金周转困难,甚至会被存货"压垮"。

第二,负债与权益结构分析。

负债结构是企业负债的数量和所占资本的比重。而权益结构是企业所有者权益的数量和所占资本的比重。

比如,某企业流动负债合计占总资本的比重为18%,长期负债合计占总资本的比重为21%,债务资本的比重为39%,所有者权益占总资本的比重为61%。可见,企业的负债资本比重比较低,权益资本的比例比较高,这有利于企业降低财务风险,但是可能导致企业债务资本不能充分地发挥财务杠杆的作用,使企业的未来发展受到限制。

二、短期偿债能力分析

短期偿债能力是企业用短期债务到期产生的现金偿付流动负债的能

力，也叫作变现能力。

短期偿债能力分析主要研究流动资产与流动负债的关系，弱化了获利能力的重要性。因为流动资产在短期内可以转化为现金，用来偿付流动负债，而企业的盈利是会计期末的盈亏结果，即使企业实现了盈利，也有可能没有足够的流动资产来偿债，进而导致财务危机甚至遭遇破产危机。

想要分析短期偿债能力，我们需要看四个财务比率，主要有流动比率、速动比率、现金比率和营运资本。

第一，流动比率。

计算流动比率，需要看两个关键数字，一是流动资产，即现金和可以在未来12个月内兑换成现金的资产；二是流动负债，即必须在未来12个月内偿还的债务。

流动比率用公式来表示：流动比率＝$\dfrac{流动资产}{流动负债}$×100%。

一般来说，流动比率最好保持在1.2~2，这说明企业的短期偿债能力比较强。但是不同的行业，流动比率标准也是不同的，财务报表使用者应该具体问题具体分析。

当流动比率小于1时，说明企业处于负资产运营的状态，没有足够的流动资金来偿还流动债务，可能会面临破产的危机。但是，也并不是说流动比率越高越好，如果超过2，则说明流动资产比重过高，企业没有把资金更好地进行投资，财务报表使用者要分析企业的成长前景和投资决策。

第二，速动比率。

速动比率比流动比率更能体现企业的短期偿债能力，是可兑现现金与流动资产的比例。即，流动资产减去存货、预付账款、待摊费用、待处理流动资产净损失等变现能力较弱的资产后的余额与流动负债的比值。

一般来说，速动比率的标准值是1。对于债权人来说，速动比率越高越好，但是对于企业经营者来说，速动比率也不宜过高，否则就不能及时地将资金进行投资，使企业失去获利的机会。

如果速动比率小于1，则说明企业短期偿债能力比较低。如果速动比率持续降低，则企业的财务风险就会加大，甚至会使破产危机加大。

第三，现金比率。

现金比率与速动比率不同，是现金类资产与流动负债的比值，包括现金、银行存款和应收票据以及准备持有至到期的债券投资等。

一般来说，现金比率的标准值是20%。与其他比率一样，现金比率过高，说明企业的资产未能得到合理地运用，资金的获利能力低。

第四，营运资本。

营运资本=流动资产-流动负债。

流动资产和流动负债的变化，都会引起营运资本的变化。

净营运资本越多，说明企业偿债能力越强，但是这个数值是绝对数，企业的规模直接影响营运资本数值的大小，所以营运资本的意义是有限的，没有上面三个比率更具有意义。

三、长期偿债能力分析

长期偿债能力是企业偿付到期长期债务的能力。进行长期偿债能力分析时，需要与企业盈利分析、资本结构分析结合起来。想要更好地进行长期偿债能力分析，需要关注三个指标。

第一，资产负债率。

资产负债率反映了债权人提供资金所占资产总额的比重，说明债务融资对于企业的重要性。资产负债率是衡量企业负债水平及风险程度的重要指标，直接关系到企业财务风险的高低。资产负债率越高，企业的财务风险越高。但是，资产负债率也不能过低，否则企业运用外部资金的能力就会相对减弱。

一般来说，资产负债率处于40%~60%时，说明企业的发展状况良好。但是不同行业的标准也不同。比如，高科技企业因为经营风险比较高，所以资产负债率也比较低。

不同身份的财务报表使用者，对于资产负债率的高低也有不同看法。对于债权人来说，他们最关心自己是否能按期收回本金和利息，所以希望资产负债率越低越好。对于股东来说，他们最关心企业的利润率，关心资本是否能获得更多利润，所以希望资产负债率越高越好。而对于企业经营者和管理者来说，最关心企业的经营情况、资金利用情况，所以不希望资产负债率过高或过低，而是希望能保持平衡。

第二，产权比率。

产权比率也叫作债务股权比率，是负债总额与所有者权益总额的比值。

产权比率是反映企业财务结构是否稳健的重要指标，产权比率低，说明企业的财务结构处于低风险、低报酬的状态，所有者权益能偿还长期债务，长期偿债能力较强。相反，企业所有者权益不能偿还长期债务，企业长期偿债能力较弱。

第三，利息保障倍数。

利息保障倍数是企业生产经营所获得的息税前利润与利息费用的比值。

利息保障倍数不仅反映企业获利能力的大小，还反映获利能力对偿还到期债务的保证程度。一般来说，利息保障倍数最好大于1，而且越大越好。利息保障倍数越大，企业就越有充足的能力支付利息。如果小于1，则说明企业不能盈利，不仅要举债维持经营，还面临较高的财务风险和经营风险。

四、财务效率分析

财务效率分析是通过企业的资产营运能力和资产增值能力来体现的，主要包含两方面内容。

第一，资产营运能力。

资产营运能力是影响资产周转速度的一个重要因素，资产周转速度越快，说明企业资产的增值水平越高。

而资产的周转速度则通过资产周转率、流动资产周转率、应收账款周转率和存货周转率等指标来反映。企业的存货、应收账款周转速度慢，短期偿债能力也变弱；相反，企业的资产周转速度快，其获利能力增强，偿债能力也变强。所以，财务报表使用者需要关注企业的资产营运能力，确认资产是否得到充分运用、是否能获得更多收益，从而判断企业偿债能力的大小。

第二，资产增值能力。

资产的运营效果是通过分析资产的利用效率来反应的，主要包括资产增值率、资产报酬率、投资收益率。

$$资产增值率 = \frac{资产的增值额}{平均资产净额} \times 100\%。$$

资产的增值额可以通过四个方面来确定。其一，支付给员工的薪金；其二，支付给债权人的利息；其三，应交给国家的税金；其四，净利润。

$$资产报酬率 = \frac{利润总额 + 利息}{平均资产净额} \times 100\%。$$

如果企业只依靠自有资金来经营，那么就不需要支付利息给债权人；如果通过借贷债务来经营，就需要支付利息给债权人。而债务转换为资本或股份，那么利息又可以转换为利润。所以，利息也是利润的一部分，同时也是资产增值的一部分。

财务报表使用者需要通过资产增值率、资产报酬率和投资收益率来考察企业资金的利用效果，并对于企业的资产结构进行监督。

总之，在对资产负债表进行分析时，财务报表使用者需要对资产结构、偿债能力、财务结构进行综合分析，有了充分、全面、有效的分析，才能进行正确的评价和判断，进而做出合理正确的决策。

04 有利润，就是赚到钱——学会分析利润表

在分析利润表时，我们主要分析不同利润构成对企业总体效益的贡献以及各项利润增减的变化、不同企业的经营成果对企业总盈利水平的贡献。盈利水平，是企业可持续发展的"晴雨表"，对于投资者来说尤其重要。

对利润表的分析，必须注意以下两个方面，即盈利能力分析和发展能力分析。

一、盈利能力分析

不同的财务报表使用者，对于企业盈利能力分析的侧重点不同。对于投资者来说，分析的侧重点在于企业盈利能力的高低以及盈利能力的稳定性和发展趋势。因为投资者的直接利益来源于资产的增值程度，也就是说，利润是否增长关系到能为自己带来多少收益。

对于短期债权人来说，分析的侧重点在于本期的盈利能力和现金支付能力。与之相对的是，长期债权人的侧重点在于企业是否拥有稳定的获利能力、盈利水平的高低以及是否具有持续的盈利能力。

在分析利润表时，财务报表使用者需要关注四个指标，如图7–4所示。

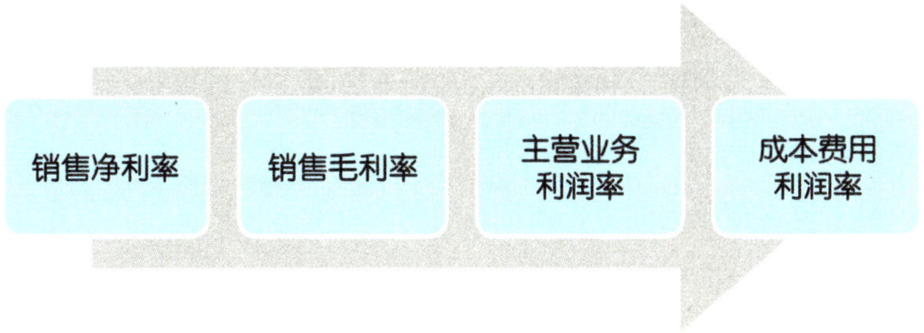

图 7-4 分析利润表的重要指标

第一，销售净利率。

销售净利率是企业净利润与销售收入净额的比值。

计算公式为：销售净利率 = $\dfrac{\text{净利润}}{\text{销售收入净额}} \times 100\%$。

其中，销售收入净额等于销售总额减去销售退回、销售折让及销售折扣。

销售净利率反映企业销售收入的收益水平，即每100元销售收入能带来多少净利润。企业增加销售收入时，利润也是增加的，同时销售净利率保持不变或提高。但是，净利润包括了营业利润、投资收益、营业外收支净额等，而且投资收益和营业外收支净额是不确定的，变化比较大，所以，短期债权人需要关注销售净利率来了解企业当期的获利能力。而长期债权人则以销售净利率为参考即可，因为它不能反映企业的长期发展潜力。

第二，销售毛利率。

销售毛利率是企业销售毛利润与销售收入净额的比值。

计算公式为：销售毛利率 = $\dfrac{\text{销售毛利润}}{\text{销售收入净额}} \times 100\%$。

销售毛利率与销售净利率是相对的，反映企业营业活动流转额的初始获利能力。销售毛利率越高,企业抵补各项期间费用的能力越强,获利能力也越高。当然,销售毛利率的高低与行业有关,分析这个指标时,需要考察本行业的特点与同行业的平均水平。

一般来说,营业周期短、固定费用低的行业,如商品零售行业,销售毛利率都比较低。而营业周期长、固定费用高的行业,如重工业行业,销售毛利率都比较高。

第三,主营业务利润率。

主营业务利润率是主营业务利润与主营业务收入的比值。

计算公式为:主营业务利润率=$\dfrac{主营业务利润}{主营业务收入} \times 100\%$。

主营业务利润率越高,说明企业盈利能力越强,经营效益越好,发展潜力也越好。因为企业的主营业务突出,企业才能在市场竞争中占据优势,并且保持持续稳定地发展。如果企业主营业务利润率不高,那么即使利润额再高,也无法持续地运营。

主营业务利润等于主营业务收入减去主营业务成本和主营业务税金及附加,所以考察这个指标时还需要考虑企业的成本管理能力以及承受价格降低和销售量下降风险的能力。

第四,成本费用利润率。

成本费用利润率是利润与各项成本费用的比值。

计算公式为:成本费用利润率=$\dfrac{利润}{成本费用} \times 100\%$。

一般来说,成本费用包括主营业务成本及附加、销售费用、管理费用、财务费用。

同时,我们需要了解几个成本费用的层次:经营成本,主要包括主营业务成本、主营业务税金及附加、营业费用;营业成本,主要包括经营成本、管理费用、财务费用、其他业务支出。

在分析成本费用利润率时，需要与对应的利润进行比较，这样才能有效地揭示企业各项成本费用的利用情况以及带来的经济收益。通常来说，成本费用利润率越高，企业的盈利水平越高。

除此之外，还需要分析资产净利率，它反映了企业平均资产的获利情况，资产净利率越高，企业资产的利用率越高、盈利能力较强、财务管理水平也越好；分析净值报酬率，它反映所有者权益的收益水平，净值报酬率越高，投资者投入资本带来的收益越高，盈利水平也越高。

二、发展能力分析

发展能力分析是通过分析企业的资产、收入、利润等财务状况和经营成果的增长情况及潜力，为股东和债权人提供决策依据。

企业收入和利润的增长速度，可以反映企业发展能力的高低以及未来的潜力。分析企业的发展能力，应当主要关注两项指标。

第一，营业（销售）增长率。

营业（销售）增长率是企业报告期的营业（销售）收入增加额与基期营业（销售）收入总额的比值，

计算公式为：

$$营业（销售）增长率 = \frac{报告期营业（销售）收入增加额}{基期营业（销售）收入额} \times 100\%。$$

其中，基期是指一个时期内某些指标作为参考标准，报告期则是根据基期而规定的计算时期。

营业（销售）增长率反映了企业（销售）收入的增长速度，是衡量企业成长状况和发展能力的重要指标。当报告期营业（销售）收入小于基期营业（销售）收入额时，营业（销售）增长率用"-"来表示。当营业（销售）增长率大于0时，说明企业本年的营业（销售）收入与基期相比，有所增加。营业（销售）增长率越高，增长的速度越快，企业发展前景越好。当营业（销售）增长率小于0时，说明企业本年的营业（销售）收入与基期相比，呈下降趋势，市场份额萎缩，企业发展后劲不足。而引起这种变化的原因可能是企业的产品质量、营销方式或售后服务等方面出现问题。

第二，利润增长率。

利润，是企业生产经营活动的最终成果，不仅关系到经营者的业绩、投资者的报酬，还关系到企业的发展前景。

从利润表来看，利润包括主营业务利润、营业利润、利润总额和净利润。相对地，利润增长率也可以分为主营业务利润增长率、营业利润增长率等，而我们下面要说的是利润总额增长率。

计算公式为：利润增长率 = $\dfrac{报告期利润增加额}{基期利润总额} \times 100\%$。

其中，报告期利润增加额=利润总额-基期利润总额。

如果利润总额小于基期利润总额，利润增长率用"-"来表示。利润增长率反映了企业的盈利趋势，并不能体现利润增长的具体内容和原因，所以分析这项指标时，还需要同时考察销售增长率、主营业务利润增长率等指标，这样才能更透彻地分析企业的盈利。

另外，影响企业主营业务利润的因素有很多，包括主营业务数量、产品单价、单位产品成本、单位产品税金及附加等。分析利润增长率时，需要同时参考本年实际数与上年数、计划数，只有进行综合分析和评价才能得到正确的结论。

总之，对于利润表的分析需要考虑利润总额的构成及变化情况，还包括资产、收入、利润等财务状况和经营成果的增长情况，通过分析找出企业存在的问题与差距才能制订相关的措施，最大限度地提高企业的获利能力并为企业绘制未来的蓝图。

05 企业有钱、没钱怎么办——学会分析现金流量表

现金是偿债的保障，也是支付投资者报酬的主要方式。虽然通过对资产负债表、利润表以及现金流量表的分析，可以了解企业的支付能力和财务风险，但是对于资产负债表和利润表来说，通过对现金流量表的分析，更能让财务报表使用者观察和判断企业支付能力的优劣和财务风险的高低。

通过对现金流量表的分析，可以了解企业现金流入和流出的结果，评价现金收入的质量以及企业的理财水平和理财策略。同时，通过对现金流量表的分析，还可以了解现金流量对于企业生产经营、投资、偿债的满足程度。

在分析现金流量表时，我们需要注意四个方面的分析，如图7-5所示。

支付能力和财务风险分析

经营适应能力分析

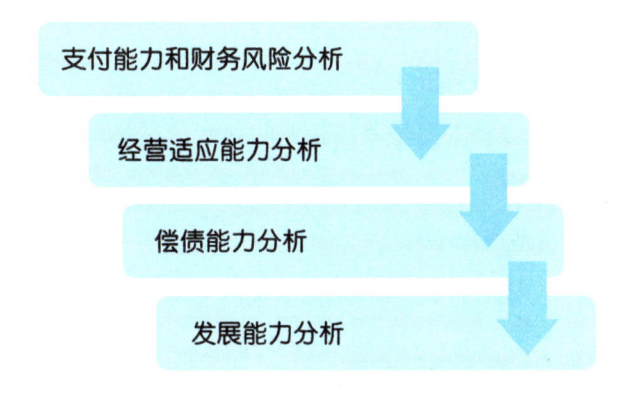

偿债能力分析

发展能力分析

图7-5 分析现金流量表时需要注意的四个方面

一、支付能力和财务风险的分析

资产负债表、利润表和现金流量表都可以反映企业的支付能力和财务风险。但是，资产负债表中的资产是用来偿还负债的，是有局限性的资产，比如，内容不完整、可能存在虚资产不良资产或资产的计价不真实等情况。这些局限性都会影响财务报表使用者对支付能力和财务风险的判断和评价。而利润表中的利润，是通过权责发生制的原则核算出来的，利润并不一定代表用于支付的现金，这使财务报表使用者不能精确地考察企业的现金支付能力和财务风险的高低。

而现金流量表就不同了，与资产负债表和利润表相比具有明显的优势，因为它的主要用途就是了解支付能力和财务风险，弥补了资产负债表和利润表的局限性。

分析企业支付能力，需要考虑流动比率、速动比率、现金比率和净现金流量等指标。前三项指标我们在前文中已经讲过，这里不再赘述。我们接下来说一说净现金流量。

净现金流量是一定时期内现金及现金等价物的流入与流出的差额，反映了企业本期内净增加或净减少的现金及现金等价物的数额。净现金流量是一个动态指标，需要考察较长时期内的（一般为五年）净现金流量来衡量企业的收益水平以及盈利水平。

二、经营适应能力分析

经营适应能力分析主要是考察企业的现金流量是否能满足经营的需求。主要考察两项指标。

第一，经营自适应比率。

经营自适应比率是经营活动中的现金流入与支付的现金额的比值。

计算公式为：经营自适应比率 = $\dfrac{\text{现金流入}}{\text{支付的现金额}} \times 100\%$。

经营自适应比率反映企业经营活动产生的现金满足自身对现金需要的

程度。当经营自适应比率大于1时，说明企业经营活动产生的现金能够满足经营活动对现金的需求，同时还生产了一定的余额。而产生的余额可以满足偿债和投资的需求，所以经营自适应比率直接决定了企业的偿债能力、资金积累能力和发展能力。

如果经营自适应比率小于1，则说明企业经营活动产生的现金不能满足经营活动对现金的需求，可能导致两个结果。其一，企业需要连续举债来维持经营活动，形成对债务的依赖，进而加大经营风险和财务风险；其二，企业的经营规模萎缩，只能维持简单的再生产，或无法维持简单的再生产。不管是哪一种情况，对企业来说都是巨大的危机，如果问题得不到很好的解决，那么企业最终只能破产。这就是我们所说的蓝字破产，即资金链锻炼而产生的破产。事实上，在现实中这种破产的情况越来越多，所以企业管理者需要通过分析现金流量表来发现问题，加强对现金的管理。

第二，筹资对经营的适应比率。

筹资对经营的适应比率是指筹资活动产生的现金流入与经营资金缺口的比值。

计算公式为：筹资对经营的适应比率 = $\dfrac{\text{现金流入}}{\text{经营资金缺口}} \times 100\%$。

筹资对经营的适应比率反映企业对外筹资是否能满足简单再生产和扩大再生产的需求。在前文字我们说过，当企业经营活动产生的资金不能满足生产经营活动需求时，企业需要对外筹资来弥补资金的缺口。同时，弥补缺口的资金还有其他两个来源，即收回对外投资以及往年的资金剩余。

对于很多企业来说，最主要的对外筹资方式是银行借款。所以，考察企业的经营适应能力时，需要考察银行借款这个项目，进而再考察企业对外筹资的现金流量是否能维持其简单再生产和扩大再生产。

三、偿债能力分析

在分析现金流量表时，必须分析企业的偿债能力，因为偿债是现金的主要用途之一。在这个过程中,需要考察三项指标。

第一,现金流量比率。

现金流量比率是全部现金净流量,或经营活动产生的现金净流量与流动负债的比值。

计算公式为:现金流量比 $=\dfrac{\text{全部现金净流量}}{\text{流动负债}}\times 100\%$。

现金流量比率不易受到那些不易变现的存货和应收款项的影响,能更精确地反映企业的短期偿债能力。现金流量比率越高,企业的现金偿还短期债务的能力越强,现金流量越充足。

与之相对的是,现金流量与当期到期的长期负债的比率,这也是财务分析时的常用指标,比率越高,企业偿还到期长期债务的能力越强。

需要注意的是,这两项指标的功能是不同的,现金流量比率反映企业现金流量偿还那些日常的、经常发生的小额债务的能力,而现金流量与当期到期的长期负债的比率反映企业偿还偶然发生的大额债务的能力。对于企业来说,现金流量具有偿还日常的、经常发生的小额债务的能力,但是不意味着具有偿还一次性发生的数额巨大的大额债务的能力。

所以,考察企业现金流量时,财务报表使用者尤其是投资者需要综合考虑这两项指标,来确认企业是否具有持续经营的能力。

第二,即付比率。

即付比率是对流动比率的补充,反映企业即期支付最短期债务的能力。

计算公式为:

即付比率 $=\dfrac{\text{即期现金和现金等价物}}{\text{流动负债}-\text{预收款项}-\text{预提费用}-6\text{个月以上的短期借款}}\times 100\%$。

一般来说,即付比率应保持在70%左右,如果过低,不利于企业及时偿还最短期债务。

第三，现金流量与流动资产增加的比值。

这项指标是现金净流量与流动资产净增加额的比值，反映企业流动资产净增加额中现金和现金等价物的增加程度。

一般来说，这项指标的最佳值是1，接近1。当达到这个比值时，说明企业的流动资产增加是现金增加引起的，流动资产中的存货和应收款项等短期沉淀性资产质量很高，没有形成存货积压和坏账的情况，同时说明流动资产的变现能力势头良好。

当这项指标大于1时，说明企业现金的增加幅度超过了流动资产的增加幅度，企业的偿债能力增强。但是这项指标并不是越高越好，如果超过2，则说明企业资金利用得不合理、不充分。

当比值小于1时，说明企业变现能力不强，存货和应收账款的增加幅度过大，如果不进行调整，可能会影响企业的资金流动。

除此之外，还需要考察现金流量与负债总额的比值、现金流量与流动负债增加的比值、现金利息保障倍数、现金支付保障率等指标来综合考察企业的现金流是否能保证偿付债务以及企业偿债能力的发展变化情况。

四、发展能力分析

从现金流量表中，需要确认和分析企业现金流量是否能满足企业长期投资的需要，这其中涉及的指标是现金对投资适应比率。

现金对投资适应比率是全部现金净流量或经营活动产生的现金净流量与资金本性支出的比值。

计算公式为：现金对投资适应比率 = $\dfrac{\text{全部现金净流量}}{\text{资金本性支出}} \times 100\%$。

其中，资金本性支出包括企业在购建固定资产、无形资产和递延资产等方面的支出，此外，还包括对外长期投资的支出。

现金对投资适应比率反映企业全部现金流量或经营活动现金净流量进行再投资发展的水平，可以衡量企业对外筹资的依赖程度。数值越高，企业的经营成长与发展对对外筹资的依赖程度越高，财务风险就越高。数值越低，说明企业内部越能保持经营发展的稳定，对对外筹资的依赖程度越低，但同时也说明企业缺乏对外扩张的动机。

总之，现金流量表是按照经营活动、投资活动、筹资活动来反映各项活动的现金净流量、现金流动趋势。在进行分析时，财务报表使用者需要综合分析各项活动的现金流入和流出，同时，对企业不同时期的现金流量表以及企业和同行业优秀的现金流量表进行对比，还需要结合现金流量表和资产负债表、利润表进行综合分析，绝对不能孤立地分析现金流量表。

06 分析合并财务报表——"大家庭"明算账

在母公司对子公司进行控制后，虽然子公司是独立的法律实体，但是两者形成了统一的经济实体。为了综合全面地掌握这个统一经济实体的经营成果、财务状况以及现金流动情况，母公司需要编制合并财务报表。

合并财务报表弥补了母公司个别财务报表的不足，可以让财务报表使用者全面了解母公司与子公司的财务状况和经营情况，进而做出正确的决策。具体来说，集团的股东，包括母公司股东和子公司少数股东最关心的是企业是否有经营风险，自己的投资回报如何，而通过母公司和子公司的个别财务报表无法了解全面的信息，只有结合个别财务报表与合并财务报表才能获得全面、翔实的信息。

同时，通过这些信息，债权人可以分析整个集团的短期偿债能力和长期偿债能力，作为其进行债权性投资的依据。通过这些信息，集团高级管理者可以评估企业的业绩、经营、管理等方面的成果，进一步发现经营和管理方面的问题，为调整产业结构、战略部署做好准备。

一、合并财务报表的合并范围

可以说，合并财务报表对集团企业来说至关重要。那么，编制合并财务报表时，需要合并哪些子公司和会计项目？合并范围是如何确定的呢？

合并财务报表的合并范围，往往取决于编制合并财务报表时所运用的合并理论。合并理论的确定以控制为基础，即一家企业能决定另一家企业的财务和经营政策，并且能从后者的经营活动中获得利益。比如，母公司和子公司，就是控制的关系，构成了企业集团。

母公司需要具备两个条件。其一，必须有一家或多家子公司，能决定子公司的财务和经营政策，并且可以从子公司的经营活动中获得利益。其二，可以是企业，比如股份有限公司或有限责任公司，也可以是非企业形式的具有会计主体的其他组织，如基金会。

子公司也需要具有两个条件。其一，只能被一家母公司控制；其二，可以是企业，也可以是非企业形式具有会计主体的其他组织。

不论子公司规模大小，转移资金能力是否受严格限制，也不论子公司和母公司的业务性质是否相同，母公司都应该将全部子公司纳入合并财务报表的合并范围，具体包括两种情况。

第一，母公司直接或通过子公司间接拥有被投资单位半数以上的表决权，那么该被投资单位认定为子公司，应该纳入合并财务报表的合并范围。

比如，企业A直接拥有企业B约60%的表决权，那么，企业B为企业A的母公司，应该编制合并财务报表。

第二，母公司通过直接或间接方式拥有被投资单位半数或以下的表决权，但是通过其他方法对被投资单位的生产经营活动实施控制，那么被投资单位也作为子公司，纳入合并财务报表的合并范围。

比如，通过与该被投资企业的其他投资者之间的协议，持有该企业半数以上的表决权。或通过制订章程或协议，控制被投资企业的财务和经营政策。

需要注意的是，以下子公司不应纳入合并财务报表合并范围，包括已宣告被清理整顿的原子公司、已宣告破产的子公司以及母公司不能控制的其他被投资单位，如联营企业、合营企业等。

二、合并报表附注的注意事项

编制合并财务报表的目的是向财务报表使用者提供会计信息，包括企业财务状况、经营业绩和现金流量情况，因此与个别财务报表一样，合并财务报表也包括合并资产负债表、合并利润表、合并现金流量表、合并所有者权益变动表以及合并财务报表附注。

需要注意的是，合并财务报表的附注除了要包括个别会计报表附注中应说明的事项，还需要说明以下七点事项。

第一，子公司的有关信息，主要包括子公司的注册资本、本企业的持股比例、本企业和其享有的表决权比例等。

第二，母公司拥有被投资单位表决权不足半数时，对其形成控制的原因。

第三，母公司直接或通过其他子公司间接拥有被投资单位半数以上表决权时，未对其形成控制的原因。

第四，子公司与母公司会计政策和会计处理方法是否一致，如果两者不一致，母公司编制合并财务报表的处理方法。

第五，本期不再纳入合并范围的原子公司的相关资料，其不能成为子公司的原因。

第六，子公司向母公司转移资金的能力受到严格限制的情况。

第七，纳入合并财务报表范围的特殊主体的业务性质、业务活动。

三、合并财务报表分析

分析合并财务报表时，也需要运用前面我们说过的分析方法，也可以运用杜邦分析法，即利用几种财务比率之间的关系来综合分析企业的财务状况，这有利于评估企业的盈利能力和股东权益回报水平，可以使财务比率分析层析更清晰、条理更突出。

同时，与个别财务报表相比，合并财务报表数据繁多，分析起来更为复杂。所以，在分析过程中，需要阅读和分析母公司、子公司的个别财务报表，核实其会计信息的正确性，还要注意各个财务报表之间的联系，消除它们之间的局限性。

第八章

辨别财务报表中的陷阱
——找出隐藏的"炸弹"

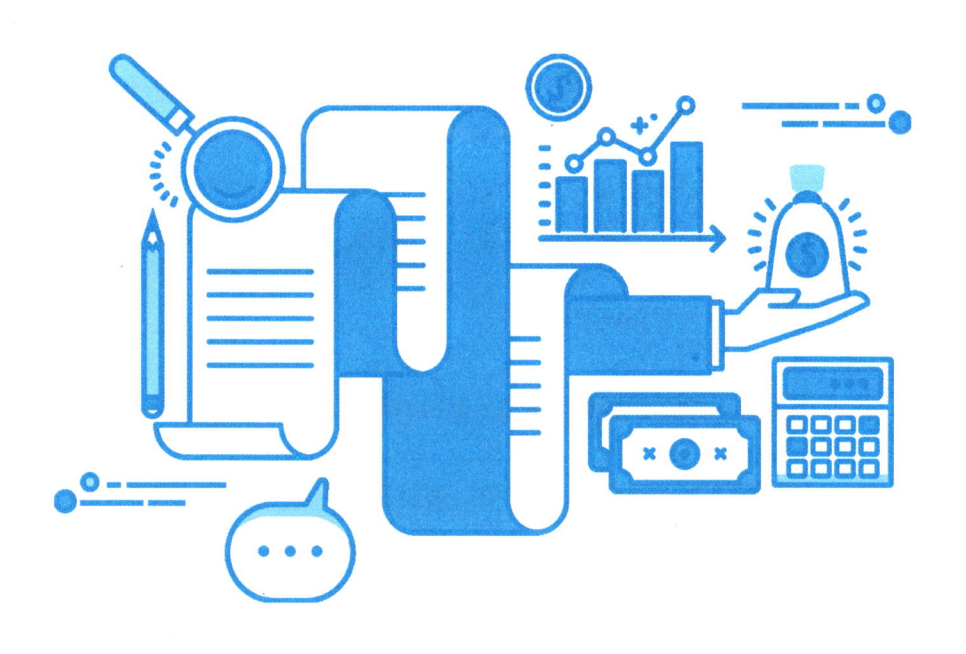

01 慧眼识别，揭开虚假财务报表的面纱

财务报表造假是会计造假的主要手法，也是财务陷阱中的重灾区。财务报表造假，不仅让财务报表使用者失去了做出正确判断和决策的权利，还有可能造成相关经济利益的损失，而且还会让市场经济秩序受到严重破坏。

虚假财务报表是企业通过调节利润、调整收入确认方式，或滥用会计估计、利用其他应收款和其他应付款调节来操纵利润。

一、财务报表造假的目的

为什么要对财务报表进行造假呢？主要有以下五个目的。（如图8-1所示）

01 为了业绩考核

02 为了获得信贷资金以及提高商业信用

03 为了让企业尽快上市、发行股票

04 为了偷逃税款

05 为了推卸企业或个人责任

图8-1 财务报表造假的目的

第一，为了业绩考核。

提高业绩考核，是财务报表造假的主要目的。因为考核企业的经营业绩，通常是以财务指标作为考察对象，比如，考察利润增加、投资回报率、产值、销售收入、资产周转率、销售利润率等。行业内的考核，还需要根据销售收入、资产总额、利润总额来确定企业的排名和竞争力。

更重要的是，业绩的考核不仅关系到企业经营状况的评价，还涉及管理者的业绩评定。所以，为了提高业绩考核，一些企业会对财务报表进行造假，形成虚假的财务报表。

第二，为了获得信贷资金以及提高商业信用。

为了获得贷款以及提高商业信用，很多企业会通过财务报表造假来提升业绩和盈利能力，尤其是业绩欠佳、财务状况不佳的企业，为了摆脱目前的困境，获取贷款或投资，更会对其财务报表进行修饰，力图把"账做得好看"。

第三，为了让企业尽快上市、发行股票。

根据《公司法》规定，企业连续三年盈利，且经营业绩比较突出，才能获得证监会的审批，最终实现上市、发行股票的目的。同时，股票发行的价格也与企业的盈利能力有直接关系。所以，一些企业为了早日上市发行股票，对财务报表进行造假，伪造经营业绩。

第四，为了偷逃税款。

税收，是企业必须履行的义务。但是税收，也给企业带来一定的负担。于是，一些企业为了减少纳税或推迟纳税，会对财务报表进行造假。一些企业甚至把偷税、漏税当作税收筹划，在财务报表上虚增成本、虚减利润，以减少所得税的缴纳。

第五，为了推卸企业或个人责任。

在企业进行合并、收购时，收购企业会对被收购、被合并的企业进行财务审计，确保财务状况、经营状况不存在问题。另外，企业的高级管理者在进行调任时，企业都会进行离任审计，考察其业绩、管理、财务问题。而一些企业或管理者为了自身利益，或推卸责任，就会在财务报表上作假，掩盖企业存在的问题。

二、虚假财务报表的表现形式

一般来说，虚假财务报表主要有六种表现形式，如图8-2所示。

01 人为编造会计数据

02 调整收入确认方式虚增或虚减利润

03 利用关联交易调节利润

04 调整存款等计价方法，虚增、虚减资产和费用

05 利用资产重组调节利润

06 利用虚拟资产虚增利润

图8-2　虚假财务报表的表现形式

第一，人为编造会计数据。

人为编造会计数据这种方式比较简单、初级，包括虚减、虚增资产，虚减、虚增费用，或虚减、虚增利润等，导致报表各项之和不等于总额、账表不相符、报表与报表之间钩稽关系不符、前后期报表数据不衔接等，很容易在审查时被发现。

第二，调整收入确认方式虚增或虚减利润。

目前，我国现行会计制度规定可以采取三种确认方式。

（1）销售行为完成，无论货款是否收到，即可视为收入实现。

（2）按照生产进度或完成进度确认。

（3）采取分期付款销售方式时，按合同约定确认。当确认营业收入时，需要扣除折扣、折让、销售退回。

企业往往会利用制度的灵活性，随时调整收入确认方式，提前或推后确认收入，或调整扣除项目，来调整利润。

第三，利用关联交易调节利润。

利用关联交易调节利润，主要有五种方式。

（1）虚构经济业务，抬高企业的经营业绩。

（2）以远高于或低于市场的价格来进行购销活动、资产置换以及股权置换。

（3）以旱涝保收的方式委托经营或受托经营，抬高企业的经营业绩。

（4）在资金往来中调高或调低利息，增加或减少财务费用。

（5）虚增管理费，或分摊共同费用，来调节企业的利润。

关联交易的利润都体现在"其他业务利润""投资收益"或"营业外收入"中，这样的财务报表作假不容易被发现，能够让原本亏损的企业变成盈利的企业。

第四，调整存货等计价方法，虚增、虚减资产和费用。

存货的计价方法不同，费用的产生也不同。很多企业为了使产品成本费用虚增、虚减，往往会调整计价方法，却不在附注中说明和披露。

第五，利用资产重组调节利润。

利用资产重组调节利润，主要有三种方式。

（1）利用关联交易，用非上市企业的优质资产置换上市企业的劣质资产。

（2）将非上市企业盈利能力比较强的子公司，以低价出售给上市企业。

（3）上市企业把自己闲置不用的资产高价出售给非上市企业。

利用资产重组调节利润属于不等价交换，用非法的手法进行利润转移，损害了所有权者、股东的经济利益。

第六，利用虚拟资产虚增利润。

不能带来经济利益的项目，不属于资产，不能列入资产负债表中。如果列入其中，就构成了虚拟资产。已经发生的费用或损失，如果企业不及时确认，或少摊销或不摊销，就会造成虚增利润的情况产生。

除此之外，很多企业还可能通过利息资本化、选择不同的核算方式核算股权投资的行为来虚增利润。与认为编造会计数据相比，其余的方法都比较隐蔽、高级，财务报表使用者需要慧眼识别，深入地进行分析，才能发现其中的虚假信息。

三、虚假财务报表的识别方法

那么，对于虚假财务报表，有哪些识别方法呢？（如图8-3所示）

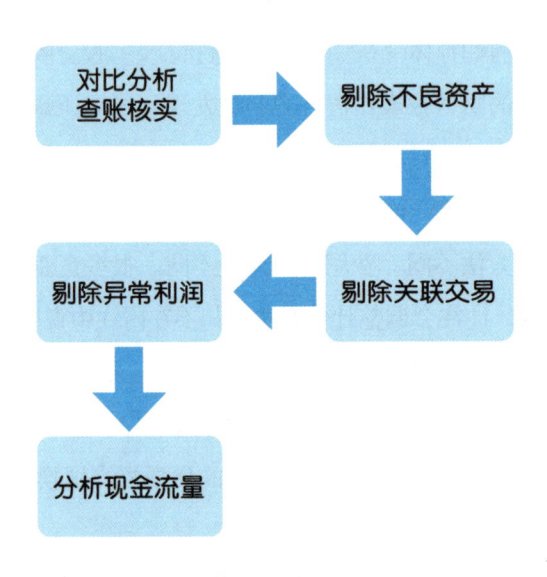

图 8-3　识别虚假财务报表的方法

第一，对比分析，查账核实。

对于人为编造会计数据虚报的财务报表，可以采取对比分析、查账核实的方法。尽可能多地搜集会计信息，对比其异同，对差异的数据提出质疑，并且进行账表、账账、账证和账实的核对，就可以找出漏洞和疑点。

第二，剔除不良资产。

这里的不良资产，主要包括待摊费用、待处理流动资产净损失、待处理固定资产净损失、长期待摊费用等虚拟资产，还有高龄应收款项、存货跌价和积压损失、投资损失、固定资产损失等可能产生潜亏的资产。

把不良资产总额与净资产进行比较，如果前者接近或超过后者，说明企业持续经营能力存在问题，有虚增资产、扩大利润的嫌疑。

第三，剔除关联交易。

剔除关联交易的营业收入和利润总额，就可以分析出企业的盈利能力是否依赖关联企业，盈利基础是否稳固、利润来源是否稳定。如果企业的营业收入和利润来源主要来自关联企业，那么，就需要考察是否存在利用关联交易虚增或虚减利润的现象。

第四，剔除异常利润。

剔除其他业务利润、投资收益、补贴收入、营业外收入等异常利润，就可以分析企业利润来源的稳定性。

第五，分析现金流量。

分析企业经营活动和投资活动产生的现金流量，并将现金净流量与主营业务利润、投资收益和净利润进行对比，就可以分析出企业是否存在虚拟资产以及虚增利润的情况。

02 无良企业是如何编制虚假财务报表的

无论企业在什么时候、以什么方式来编制或提供虚假财务报表，都必须体现在财务数据和非财务数据上，诸如资产、负债、所有者权益、收入、成本、费用、投资收益、利润等。

那么，无良企业是如何绘制虚假财务报表的呢？（如图8-4所示）

资产项目造假	负责项目造假	所有者权益项目造假	收入项目造假	成本费用项目造假
改变资产确认条件	改变负债确认条件	不按照规定计入实收资本	修改收入确认条件	改变费用确认原则
修改资产计量标准	变更负债计量标准		改变收入计量标准	修改成本费用计量标准
虚构交易事项		虚增资本公积		不按照规定计算成本
不计提或少计提资产减值准备	不按照会计核算原则入账负债			不按照会计处理原则核算成本费用
挂账资产损失	冲销负债	不按照规定提取盈余公积	不按照会计核算原则核算	利用关联方转嫁费用

图 8-4 无良企业财务绘制虚假财务报表的流程

一、资产项目造假

资产项目包括流动资产、固定资产、无形资产和其他资产。资产项目造假主要体现为多计资产、少计资产。具体有以下五种方式。

第一，改变资产确认条件。

改变资产确认条件包括三种情况。

（1）把不是企业拥有或控制的资产确认为企业资产入账。

（2）把不能为企业带来经济利益的项目确认为企业资产。

（3）把不能可靠计量的资产确认为企业资产，或提前或推迟确认时间和结账时间，提前或推迟资产的确认时间，虚列或漏列资产价值。

第二，修改资产计量标准。

修改资产计量标准即用计划成本、预计成本代替实际成本，高估或低估资产的入账价值，或任意少摊资产的使用损耗价值，使资产的账面价值高于或低于实际价值。

第三，虚构交易事项。

虚拟交易事项包括三种情况。

（1）虚构交易事项，实现虚增资产的目的。

（2）虚增负债或所有者权益，扩大资产总额。

（3）随意改变存货成本计价方法、固定资产折旧计提方法和无形资产及其他资产的摊销方法，使资产的账面价值高于或低于其实际价值。

第四，不计提或少计提资产减值准备。

不计提或少计提资产减值准备是指不按照规定计提坏账准备、存货跌价准备、长期投资减值准备、固定资产减值准备、无形资产减值准备。不计提或少计提资产减值准备，使资产账面价值高于其实际价值。

第五，挂账资产损失。

挂账资产损失包括三种情况。

（1）对存货、固定资产、货币资金及各项投资和债权不进行清理。

（2）对潜亏、报废、损毁和短缺的资产价值不予转销或只是转销一部分。

（3）对于应收债权和对外投资损失以及或有损失不予以预计，使资产账面价值高于其实际价值。

二、负债项目造假

负债项目包括流动负债、长期负债。负债项目造假表现为虚列负债、漏列负债。多数情况为漏列负债，低估负债的入账价值。具体操作包括四种形式。

第一，改变负债确认条件。

改变负债确认条件包括三种情况。

（1）已经发生的应当履行的现时义务不列入负债。

（2）把不属于企业的债务入账。

（3）推迟或提前确认负债时间或者结账日期，推迟或提前负债入账，进而漏列、少列负债或多列负债。

第二，变更负债计量标准。

变更负债计量标准是指不按照实际发生的应付金额入账，低估或高估负债的账面价值。

第三，不按照会计核算原则入账负债。

不按照计核算原则入账负债包括三种情况。

（1）不按照实际发生的时间和金额入账交易事项应付款、预收款和借款。

（2）未预计已经发生但未支付的职工薪酬、劳动保险费、利息、大修理费、税金等，或已经预计，但是未计入负债项目。

（3）虚假还债，不按照会计核算原则转销负债，使负债账面价值与实际价值不符。

第四，冲销负债。

冲销负债即利用关联方交易来冲销负债，或不按照债务重组政策来冲销负债。

三、所有者权益项目造假

所有者权益项目包括实收资本(股本)、资本公积、盈余公积及留存收益。所有者权益项目造假主要表现为虚增所有者权益、少计所有者权益。具体有以下三种形式。

第一，不按照规定计入实收资本。

不按照规定计入实收资本有六种情况。

（1）未按照章程规定缴足注册资本，未按照规定的比例计入实收资本。

（2）现金投入的资本，未存入银行，且未正确地评估和确认非现金资本投入的账面价值。

（3）未按照规定汇率折合外币投入的资本。

（4）未按照账面价值把发行股票募集到的资本计入实收资本。

（5）未按照规定把资本公积、盈余公积、未分配利润转增资本。

（6）随意虚增注册资本或抽逃注册资本等。

第二，虚增资本公积。

虚增资本公积包括六种情况。

（1）虚增应收债权、无形资产及存货等。

（2）通过虚假债务豁免，把债务转增资本公积。

（3）通过虚假评估增值和虚增受赠资产价值来扩大资本公积。

（4）通过虚增或虚构投入资产价值来虚增资本溢价。

（5）无根据地加大被投资企业的资本公积，或把其他项目转入资本公积。

第三，不按照规定提取盈余公积。

不按照规定提取盈余公积包括四种情况。

（1）不按照规定提取法定盈余公积和任意盈余公积。

（2）不列账冲销已经发生盈余公积的支出或减少。

（3）不转销已经弥补亏损的盈余公积。

（4）不按照规定计提外商投资企业应当提取的储备基金、发展基金等。

四、收入项目造假

收入项目包括销售商品收入、提供劳务收入、让渡资产使用权收入。收入项目造假的表现行为为虚列收入、隐瞒收入。具体包括三种形式。

第一，修改收入确认条件。

修改收入确认条件包括两种情况。

（1）把不符合收入确认条件的经济业务确认为销售收入。

（2）提前或推迟确认时间和结账日期，提前或推迟收入入账，进而虚列收入或少列收入。

第二，改变收入计量标准。

改变收入计量标准包括三种情况。

（1）不按照签订的合同或协议金额确认销售收入。

（2）不按照实际交易发生的收入金额确定销售收入。

（3）高估收入金额或者随意用红字冲减收入，导致账面收入与实际收入不一致。

第三，不按照会计核算原则核算。

不按照会计核算原则核算包括六种情况。

（1）虚构交易或事项，虚增主营业务收入。

（2）利用代购代销进行虚购虚销，虚增主营业务收入和主营业务成本。

（3）把预收账款等负债确认为收入，或把收入确认为负债。

（4）销售退回、销售折让不冲减营业收入。

（5）不按照合同金额和实际完工进度确认收入。

（6）把收入直接抵减支出。

五、成本费用项目造假

成本费用项目包括存货成本、销售成本、营业税金及附加、销售费用、管理费用、财务费用、其他业务成本、营业外支出、所得税费用等。成本费用项目表现为少列费用或者虚列费用，主要是少列费用。包括五种形式。

第一，改变费用确认原则。

改变费用确认原则包括三种情况。

（1）混淆收益性支出与资本性支出，把收益性支出确认为资本性支出。

（2）违反权责发生制原则，不摊销当期费用，而是留待以后分摊。

（3）违反配比原则，当期实现的收入不结转相关成本和费用，少计或多计当期费用。

第二，修改成本费用计量标准。

修改成本费用计量标准包括五种情况。

（1）不按照实际发生的成本费用入账。

（2）不按照规定年限、折旧率和原值计提固定资产折旧。

（3）不按照规定期限摊销待摊费用。

（4）不摊销或少摊销无形资产价值。

（5）不预提已发生但未支付的费用。

第三，不按照规定计算成本。

不按照规定计算成本包括三种情况。

（1）不按照规定的成本对象归集和分配成本费用。

（2）混淆成本费用的界限。

（3）随意改变成本计算方法、成本对象、成本计算期和存货成本的摊销及结转方法。

第四，不按照会计处理原则核算成本费用。

不按照会计处理原则核算成本费用包括五种情况。

（1）不列支或结转应当在当期列支或摊销的费用。

（2）不计提应当在当期预提的支出、费用、营业税金、所得税等，或少计提。

（3）用费用直接抵冲收入，随意压低或提高产品或商品销售成本。

（4）随意把对外投资费用计入投资的初始成本。

（5）不列支汇兑损失，或是不充分预计损失和费用。

第五，利用关联方转嫁费用。

利用关联方转嫁费用包括两种情况。

（1）改变费用分摊标准，把应缴纳的管理费标准调低。

（2）把上市企业应承担的管理费用、广告费用、宣传费用、离退休人员的费用转移到母公司。

03 看穿收入伪造的手段

稳步增长的营业收入是企业经营及盈利能力良好的象征，也是保证股价上涨的基本条件。但是很多企业为了吸引投资或促使股票价格上涨而伪造收入，在增加收入或减少损失上"下功夫"。

以下是五种常见的伪造收入的手段。

一、提前或延后确认收入

提前确认收入主要有三种方法：其一，销售完成之前、货物起运之前，或客户还有权取消订货或推迟购货之前就确认收入；其二，商品已经发出，发票账单已交付购货方，部分货款已经收到，但在质量弥补还未达成一致时，就确认收入；其三，商品已经发出，发票账单已交付，部分货款已经收到，但是安装义务没有履行完时，就确认收入。

比如，某企业为了虚增销售收入和利润，在销售已经完成，但是还未决算时提前确认收入，导致造成企业利润虚高的假象，蒙蔽了投资者。还有的企业，在产品还未销售出去时，就计入当期收入，即把存货的产品、还在生产线上的产品甚至是还未生产的产品，提前销售给关联的销售公司，把未来的收入提前确认。

目前，我国企业普遍采用的收入确认时点是开具销售发票时，即开具销售发票，就意味着收入确认。但是，很多企业往往在签订销售合同还未发出商品时，就开出销售发票来确认收入，进而实现增加当期利润的目的。

而与之相反的是，延后确认收入，即把本期确认的收入递延到下一个期间或是未来某一个期间。为什么要这样做呢？因为企业当前收益比较充足，而未来收益可能会减少。为了掩饰财务报表，误导投资者或债权人，企业通常会转移收入，把当期收入的一部分递延到未来的期间。

延后确认收入，会使投资者和债权人误判企业的盈利能力，误认为企业的经营业绩持续保持良好的状态，进而做出错误的判断和决策。

二、虚造销售额

很多企业集团会通过虚增子公司销售额的方式来虚增收入和利润，因为子公司的经营业绩得到增加，合并财务报表时，集团的利润就会增加。而在设计集团公司的财务报表时，很多人往往非常关注母公司以及整个集团发生的重大事项，却忽视了对子公司财务报表的审查和分析。

如何识别虚增子公司销售额，其实很简单，当发现其中一家或少数几家子公司的业绩非常好，利润非常高时，投资者就需要检查企业的购销合同、购货凭证、发货凭证、收款凭证等原始资料,查看企业收益的真实性。

同时,企业往往通过虚设交易的方式来虚增收入,进而虚增利润。

我们来举个例子。

某企业A通过资产重组收购另一家企业B的100%股权,完成了股权变更登记,使其成为自己的全资子公司。结果通过核查发现,企业B存在虚增利润的情况,金额高达2000万元。其中,企业B通过向物流公司支付税点的方式,开具无交易实质的运输发票制造运输和销售过程。还有大股东借款给个人,多次转账给客户,客户再将款项转账给该企业,从而制造销售回款,虚增营业收入。另外,企业B通过向销售员销售的方式,由大股东向销售员提供资金,再由销售员把资金转回该企业,制造销售回款,虚增销售收入。原本企业B的净利润达不到收购的业绩标准,而虚增的利润占当年净利润的15%以上,使企业A受到重大经济损失。

所以,在分析和使用财务报表时,需要搜集相关资料,通过了解企业或子公司的资产规模、生产能力判断其销售收入的真实性;通过审核其购销合同、购货凭证、发货凭证、收款凭证等原始资料来判断其交易、销售额的真实性。如果发现销售额存在异常,则需要高度重视并找出原因。

三、不确认投资损失

在生产经营中,投资会获得收益,当然也有损失。而投资损失表现为当期收入和利润的减少,但是一些企业为了虚增利润、伪造收入,往往会采取不确认投资损失的方式,即在当期不进行抵减。

在实际操作中,很多投资者或审查人员往往比较关注企业的生产经营情况,却忽视了投资情况,进而忽视了投资损失的确认。如果企业存在投资损失,但是不确认入账,就可能给投资者带来经济损失。尤其是在企业对外投资数额巨大的情况下，如果不仔细核查其投资情况，或是投资损失是否确认，或是在附注中未披露，就可能给投资者误导，影响其进行判断。

四、虚构销售收入

虚构销售收入，是指企业将商品销售给某一客户，但实际上客户并没有持有商品或支付货款。企业可能利用应收账款虚构销售收入，比如，把确认不可能获得的现金收入的款项列入其中，增加企业主营业务收入，达到虚增利润的目的。

实际上，利用应收账款虚构销售收入，已经成为企业虚增利润的重要手段。如果发现企业应收账款净额出现了高速增长，但是经营活动现金流入增长缓慢，或出现了负增长，就需要确认企业是否存在问题。

某些企业为了制造虚假业绩，在原有销售业务的基础上虚构销售业务，故意扩大销售数量，使企业确认的收入远远大于实际销售收入。一些企业为了虚构收入，还虚开销售发票，用虚开发票填充本期利润。这样一来，不仅实现了虚增收入以及利润的目的，又可以利用增值税抵扣制度来降低税负。

除此之外，一些企业还可能采取重复计算收入的方式来扩大销售收入金额。比如，某企业将客户的收入和自己所获得的报酬都计入自己的销售收入，而实际上这些收入只是经过该企业之手，却不是该企业的收入。

五、用各种补贴来虚增收入

补贴收入，也是企业实现利润的途径之一。这些补贴性收入包括国家财政扶持类的补贴、先征后返的增值税、按期给予的定额补贴等。

除了按期给予的定额补贴，其他补贴收入都需要在收到时确认收入。如果企业提前确认收入，用补贴来充当业绩，就会形成收入造假。

除此之外，还存在其他收入伪造的方式，但是无论哪一种方式都造成了企业财务报表中销售收入的虚假、款项收付方面的账实不符。所以，在使用和分析财务报表时，需要对相关会计信息进行审查和分析，识破其中隐藏的问题。

04 截留收入——个人赚，企业赔

截留收入，就是企业对于符合确定条件的收入，不入账，或少入账。这导致企业收入的减少，有可能出现损公肥私的现象，造成企业经济利益的损失。

截留收入主要有六种方式，如图8-4所示。

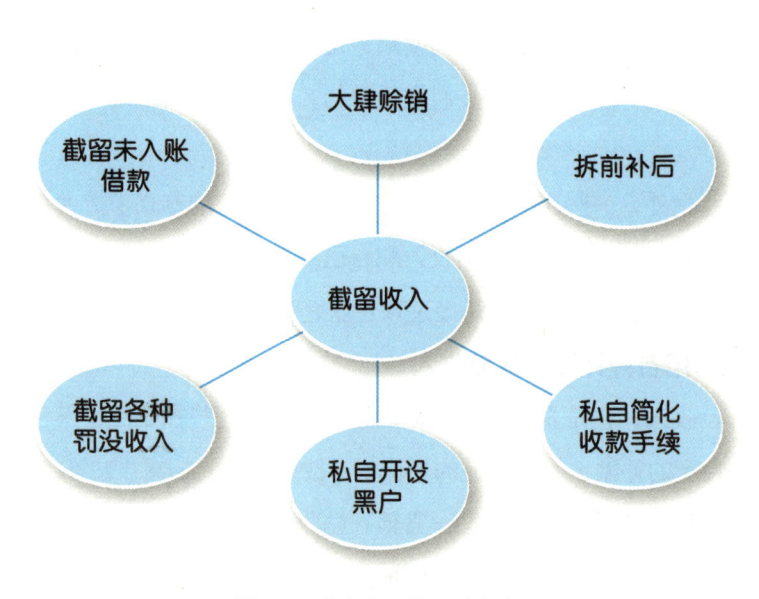

图 8-4 截留收入的六种方式

一、大肆赊销

无论是企业还是各种单位，取得的收入都归单位所有。企业的经营收入归所有者、股东，国家机关、事业单位的收入归国家。任何人都不能截留，不能私自占有。

但是，赊销的方式，却让很多人钻了空子，也让很多人截留企业的销售收入，把钱纳入个人私囊。为了扩大销售数量、增加销售渠道，很多企业会选择赊销的方式销售产品。这也导致应收账款的产生，还提高了应收账款无法收回的风险。而在应收账款管理不规范的情况下，销售人员就会把产品赊销给信用不佳、不具备还款能力的企业，使欠款成为呆账或死账，而自己却获得相应的私利。

因此，企业在选择购货方，尤其是进行大宗交易行为时，不仅要考察资质、信誉，还需要确定对方是否具有还款能力。具体来说，要看企业是否能够按期如数付款，是否与其他供货企业保持良好的合作关系，同时还要看其偿债能力，即流动资产的数量和质量。只有在确定应收账款能及时收回的情况下，才采取赊销的方式，并发出货物，而不是完全由销售人员来决定。

二、拆前补后

根据现金管理规定，销售人员收回账款后需立即上交财务部门，而财务部门收到现金后应立即入账，再将现金存入银行账户。

但是，如果收入的现金未制证或已经制证，但未及时登证，就可能出现挪用现金的情况。比如，销售人员收到现金后不及时上交，而是截留，在下次收到现金后补交上次的收入；或会计人员在收到现金之后不立即入账，存入银行，而是截留，等到下次收到现金后再补交。这样的循环入账的方式，不断地拆前补后，就实现了对企业公款的挪用。

我们来举个例子。

某企业会计人员张某，有稳定的经济收入，且在扣除正常的开支后还有富余。于是张某便利用闲置资金来炒股，一开始小赚了一笔，这让张某心存侥幸，而且胆子越来越大，投入的资金也越来越多。结果，股市低迷，股票被套牢，张某还赔了不少钱，然而，他并没有吸取教训，反而开始截留企业的应收账款。张某利用职务之便，在收到账款后没有及时入账并存入银行，而是投入股市。之后，等到收到下笔账款再把挪用的款项再入账，以此类推。一年时间，张某共截留挪用公款20多万元，而自己最终也付出了惨痛的代价。

所以，企业要防范截留收入的现象发生，加强对现金和财务人员的管理，并且在每个月末对应收账款进行审核。如果未收到账款，应该及时与购货方取得联系，确认未收账款的余额。同时，还需要在月末检查收款发票的数目，确认本期开出发票的数目与收账次数是否相符，避免销售人员或财务人员私自截留挪用公款。

三、私自简化收款手续

出纳人员收到现金后，需要向缴款人开具收据，然后将现金存入银行并取得银行进账单，同时将有关凭证提交给会计人员，最后逐一登记现金日记账。也就是说，会计人员需要根据收到的原始凭证和银行回单编制记账凭证，登记相关账簿。

但是，存在一些会计人员私自简化收款手续的现象。比如，不编制记账凭证，不登记现金日记账、银行存款日记账及有关账户，或收到现金后不开具发票。这样一来，就可能出现私自截留、把公款装进自己口袋的现象。如果企业会计制度不健全，或会计与出纳由一人兼任，那么就非常容易造成账款无法如实入账的情况，导致企业受到经济损失。

四、私自开设黑户

有的企业存在财务管理漏洞，于是一些财务人员便私自开设黑户，比如，开设虚设的工资账户、不存在的公司账户等，从而将企业收入截留。

在审查财务报表时，可以核对企业的销售收入明细账与产品明细账，确认是否有发出产品而货款长期未收到的现象，还要确认是否有虚假账户。

五、截留各种罚没收入

什么是罚没收入？

罚没收入就是国家行政机关、司法机关和法律、法规授权的机构依据法律、法规，对公民、法人和其他组织实施处罚所取得的罚没款以及没收赃物的折价收入。我国相关法律规定：在法律、法规之外，任何地方、部门和个人都无权擅自设置收费、罚没项目。

但是，很多企业却时常滥用其拥有的罚款或没收的权力，而且对于罚没收入没有进行严格管理，这也给了财务人员或负责罚没的人员私自截留的机会。比如，一些负责罚没的人员在收到罚没款项之后，不开具正规的凭证，把相关罚款截留；或滥用手中的权力，将罚没收入与部门的经费划拨和职工奖金、福利挂钩，截留相关罚款和款项，中饱私囊。

所以，企业和各单位需要加强罚没人员和财务人员的管理，同时不断规范罚没程序，必须出具正规的发票或收据。同时，企业和各单位要加强对罚没收入的管理，如果发现罚款与票据不符或收入和支出不符等情况，就需要进行严格的审查。

六、截留未入账借款

企业借入的款项，需要按时入账，并且保留借据存根。企业销售产品收到的货款，也需要按照入账并且保留借据存根。如果会计人员在进行账务处理时，利用财务管理的漏洞或职务之便，对借入的款项不入账，并销毁借据存根，或对应收账款延迟入账或销毁票据后不入账，就涉嫌私自侵吞企业资产。

因此，企业需要查证自身的现金借支制度，分析是否存在漏洞，以便查证是否存在借款未入账或延迟入账的情况。同时，企业要按时查看借据存根，是否存在销毁借据的情况。如果发现存在这样的情况，需要立即调查有关人员或部门，避免造成更大的损失。

总之，截留收入是违法的，造成企业经济损失。企业必须加强对财务人员和企业现金、借款、应收账款的管理，避免相关事项的发生。

05 虚增利润——利润涨了，业绩却没涨

虚增利润，会造成资产和未分配利润的虚增以及负债或资本公积的虚减。根据会计恒等式，资产=负债+净资产。如果资产不虚增，或负债、资本公积不虚减，资产负债表就无法达到平衡。

在财务报表造假中，虚增利润是对投资者和债权人影响最大的行为。那么，企业为什么要虚增利润呢？主要有三方面因素。其一，对管理者有收入或利润方面的考核，当期利润达不到考核标准，便会虚增利润。其二，企业想要投标或申请新的项目，利润却无法达到标准，所以只能虚增利润。其三，为了吸引投资或向银行贷款，还有一种情况是为了提高股价而虚增利润。

在这里，我们重点谈一谈虚增利润的常见方式以及调整方法，主要包括五种方法。（如图8-5所示）

```
┌─────────────────────────┐
│  利用虚拟资产虚增利润   │
├─────────────────────────┤
│  利用资产重组虚增利润   │
├─────────────────────────┤
│ 利用关联方交易虚增利润  │
├─────────────────────────┤
│利用应收和应付款虚增利润 │
├─────────────────────────┤
│利用利息资本化虚增利润   │
└─────────────────────────┘
```

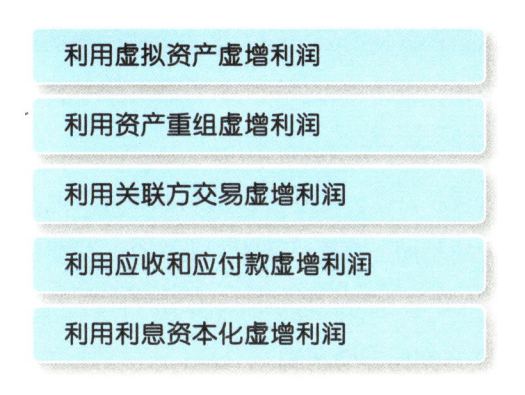

图 8-5 虚增利润的五种常见方法

一、利用虚拟资产虚增利润

我们在前文中说过，企业将一些已经实际发生的费用作长期待摊费用、待处理资产损失等项目列入资产负债表，这样就会形成虚拟资产。这为企业操纵利润提供了便利，企业可以利用递延摊销、少摊销或不摊销已经发生的费用和损失的方式来虚增利润，导致企业账面上盈利，实际上却亏损的状态，或企业盈利与实际情况不符。

这种虚增利润的方式特点是虚拟资产多记少摊。只要企业重点核查各类虚拟资产项目的明细表，考察财务报表附注中关于虚拟资产确认和摊销的会计政策，就可以发现问题。发现问题后，只要对照财务报表明细就可以进行调整。

二、利用资产重组虚增利润

为了优化企业资本结构、调整产业结构或实现企业发展战略，企业通常会通过资产置换和股权置换的方式来进行资产重组。因为资产重组需要将企业某些以历史成本记账的资产转换为现时价值，所以很多企业在进行资产的转换时会操纵利润，增加企业的原资产价值。

利用资产重组来虚增利润，主要方式是利用关联方交易，用上市公司的劣质或闲置资产置换其控股母公司的优质资产，甚至出售优质资产来获得巨额利润。如果资产置换是公正的，那么企业所得就转换为本期利润。但是如果置换不公正，就是将母公司的利润转移给子公司，为之后发行股票筹措资金打好基础。

想要识别这种操作方法，企业可以从利润表的项目及明细来核查，也可以从资产负债表的长期资产项目及明细来核查。只要掌握了详细准确的信息，就可以发现其中存在的问题并且对虚增的利润进行调减。

三、利用关联方交易虚增利润

利用关联方交易，把利润转移到其中一方，进而虚增企业利润，是很多企业尤其是上市企业最常用的方式。比如，企业为了上市发行股票，会把子公司的利润转移到母公司。为了降低税负，会把高税区的利润转移到低税区，或把资金从外汇管制严格的地区转移到管制宽松的地区。

利用关联方交易虚增利润，可以通过产品和原材料的转移价格来调节收入和成本，利用资产重组定价来获得资产增值收益，或以较高的价格来委托经营，还可以利用利率差异降低财务费用等。

除了转移价格，其他方式所产生的利润都体现在"营业利润""投资收益""营业外收入""财务费用"等项目中，只要我们仔细核查就可以发现是否虚增利润，企业与关联方的交易是否有必要且具有公正性。如果发现关联方交易占销售货物和采购货物的比重大于20%，就需要分析关联方交易与非关联方交易的价格差异。如果差额过大，企业就有操纵利润的嫌疑，这时就需要充分分析财务报表相关明细表和附注，并且对利润进行恰当的调整。

四、利用应收和应付账款虚增利润

应收和应付账款的产生，能够满足企业销售和采购的需求，可以分为两大类：其一，与销售货物和采购货物相关的应收、应付账款；其二，与销售货物和采购货物无关的应收、应付账款。但无论是哪一类，都为企业操纵利润、虚增利润提供了便利。

很多企业会利用应收账款来调节企业的营业收入，比如，在本年底虚开发票，增加应收账款和营业收入，次年再以其他名义来冲回。为了隐藏部分收入，企业可能会推迟开发票，把营业收入计入预收账款。

想要调整这种虚增的利润，企业需要剔除异常波动的营业收入中的应收账款，比如，本年营业收入趋于平均，12月却非常高，而且是通过应收账款产生的。这时，我们就需要把这部分应收账款剔除。另外，也可以剔除高龄应收账款，即账龄为三年及三年以上的应收账款，把其作为不良资产加以剔除。

需要注意的是，与销售货物和采购货物无关的应收、应付账款的数额不会很大，如果数额过大，就可能存在虚增利润的情况。这个时候，就需要仔细核查其他应收账款和其他应付账款的明细表，把异常的款项从中剔除。

五、利用利息资本化虚增利润

根据会计制度规定，企业为购建固定资产而产生的利息费用，在固定资产未达到预定可使用状态前，应计入固定资产的成本，予以资本化。

这种虚增利润的方式比较隐秘，因为企业资金一旦投入使用，就很难区分清楚资金来源和资金用途。这使企业很容易把利息资本化，进而虚增利润、虚减财务费用。但是并不是不能识别，我们需要深入分析在建工程项目占总资产的比例。如果发现资本化的利息超过在建工程项目的平均余额与规定利息率的乘积，就说明存在虚增利润的嫌疑。

同时，我们还需要分析企业的现金流量，把经营活动产生的现金净流量、投资活动产生的现金净流量、现金净流量总量分别与主营业务利润、投资收益和净利润进行比较，判断其质量如何。如果发现企业的现金净流量长期低于净利润，就说明存在虚增利润的情况，企业可能把本应作为费用处理的一些项目虚增为资产。因此，企业需要对费用进行调整，进而调减其利润。

总之，虚增利润就是企业向投资者、债权人传递了企业业绩、利润、现金流入的虚假信息，掩盖企业的真实业绩和经济价值。投资者和债权人需要仔细分析财务报表中各个项目以及明细，识别其中存在的财务陷阱，进而维护自己的经济利益。

06 费用推移——虚列的成本，转移的费用

费用管理不规范，未建立或未实行严格的费用核算、管理制度，不对费用进行定期的盘点，就可能出现虚列成本、费用核算不合理的情况。而费用的推移，是常见的财务陷阱之一。

费用的推移主要包括七种常见方式，如图8-6所示。

- 虚列成本，转移费用
- 不计、少计或一次性提前计费用
- 计收资金占用费用
- 利用并购重组注销费用
- 不按照相关规定进行摊销
- 当期的财务费用和管理费用的资本化
- 虚列期间费用

图8-6 费用推移的七种常见方式

第一，虚列成本，转移费用。

企业当期发生的费用，需要当期以现金支付。有些企业却虚列费用支出，比如，利用虚列职工人数、虚报加班工资、调出、减员不删名额等方式多分配费用，之后再将提取的现金存入自己的"小金库"中。一些企业甚至购买假发票来虚列费用支出。

因此，企业需要加强对费用支出的管理，采取定员定额的管理方式。而财务报表使用者或审计人员需要对费用支出进行检查和审计，确认是否存在超额列支、超标上报的情况。审查财务报表时，需要核对购买、领用的原始凭证以及相关费用的收据，核查费用支出的真实性和准确性。

同时，如果发现支出凭证中存在金额较大的发票，但又没有发现采购清单，或采购数量与实际需用不一致，就应该加以重视，确认企业是否虚列支出，是否有"小金库"。

第二，不计、少计或一次性提前计费用。

在实际工作中，一些企业存在不计提或少计提折旧、利息，不摊销无形资产的情况，导致费用少计的发生。比如，某企业为了虚增利润，随意延长车辆或船只的预计使用年限，提高固定资产的残值比率，进而少计提折旧费用。

一些企业还会采取一次性提高计提费用的方式，减少当期利润，增加以后各期的利润。比如，某企业将一次性利得用来冲销当期经营费用，虽然没有影响利润总额，却改变了利润表的结构，把非经营性收益转化为经营成本费用的"降低"，使投资者错误地判断了企业的盈利质量、费用控制和经营能力。

一般说来，当企业当期利润水平较高时，会提前确认费用，以便平衡各期的利润水平。当企业连续亏损时，企业会一次性计提费用，加大当年亏损，进而减轻以后年度的费用，使以后年度实现盈利或提高盈利水平。

比如，上市企业如果三年连续亏损，就会面临被退市的处罚，所以企业会提前确认费用，避免连续亏损情况的出现。

另外，当企业存在大量非经常性收益时，也会一次性计提费用，使得费用与非经常性收益相匹配。

第三，计收资金占用费用。

资金占用费用是在资金使用过程中向资金所有者支付的费用，主要包括银行借款利息、债券的利息、股票的股利等，需要在资金使用期间内不断支付。

资金占用费用，成为很多企业调节利润的"秘密武器"。因为企业在生产经营过程中不可避免地向银行、其他金融机构或企业借款，同时集团公司与股份公司之间也不可避免地发生资金往来。一方面企业想要借用资金，就必须支付资金占用费用；另一方面，企业向其他公司提供资金，就可以收取资金占用费用，并且利息收入抵销财务费用。而这也为费用推移提供了便利。

一些企业通过向关联方提供利率高于同期银行贷款利率的巨额款项，即收取高额的资金占用费用来提高利润。或通过对外投资、收取固定回报的方式，向被投资企业收取资金占用费用。名义上这是投资，实际上是资金的拆借，是企业增加利润的最简单的方式。

还有一些企业占用母公司的资金，需要向母公司支付资金占用费用。这不仅调节了企业利润，还将费用进行了推移。

第四，利用并购重组注销费用。

并购重组不仅为企业提供了虚增利润的机会，还提供了注销费用的机会。

企业在进行并购重组时，会发生巨额费用，这时会选择用巨额冲销的方式来冲销费用。比如，冲回或补提重组准备、冲销巨额未完工研发支出等。

第五，不按照相关规定进行摊销。

按照会计制度规定，待摊费用应该由本期和以后各期共同负担，采用先支付、发生，后分期摊入成本、费用的方式。但是如果企业违规摊销，比如，缩短待摊费用摊销期限，或不按照规定的摊销期限、摊销数额进入摊销，或该摊销的不摊销，不该摊销的多摊销，就会加大成本，减少利润，进而减少企业所得税款的缴纳。

第六，当期的财务费用和管理费用的资本化。

在会计处理上，收益性支出直接进入当期损益，资本性支出形成长期资产。但是在实际操作中，一些企业往往利用"待摊费用""递延资产""在建工程"等科目进行调账，即将当期的财务费用和管理费用列为递延资产，将当期费用的利息资本化，减少当期费用，虚增当期利润。

比如，企业为了增加当期利润，把研发费用资本化或把无形资产支出资本化。这无疑降低了当期营业成本，增加了企业当期经营性收益，使投资者、债权人受到误导，无法对企业的业绩和盈利状况做出准确的判断。

第七，虚列期间费用。

很多企业为了虚增费用将罚没损失计入期间费用，抵减应纳税所得，达到少缴纳税款的目的。所以当发现企业的期间费用存在异常时，需要仔细核查期间费用账户以及明细科目，同时与原始凭证进行对比，确保其他费用不计入其中。

总之，虚增成本、费用，或转移费用都涉及财务报表造假，不仅关系到财务问题，还关系到税务问题。如果企业涉嫌偷税、漏税，是非常严重的问题，很容易影响企业的商业信用，还可能涉嫌违法犯罪。

07 识别财务陷阱，只需五步

财务陷阱不只是单纯的财务报表造假问题，还包括深层的企业运作背景。所以，想要识别财务陷阱，需要读懂并分析财务报表，同时需要了解企业的经营状况以及存在的经营问题。不过，识别财务陷阱并不是非常复杂、非常困难的事情，只要我们站在更高的角度看问题，从以下五个步骤着手，就可以有效解决问题。

一、全面分析企业经营状况，把握财务报表的总体合理性

想要有效地发现财务报表陷阱，了解企业真实的经营状况，不仅要了解企业自身的经营管理状况、竞争优势，还需要了解整个行业以及竞争对手的基本情况，确认是否存在舞弊的动机等。

第一，分析企业整体财务报告。

财务报表使用者或分析者需要读懂企业的年报、同行业企业的年报以及企业货源、采购、销售等方面的经济资料、企业发行股票市价和发行行情等信息，了解这些有价值的信息后，就可以通过比较、分析发现财务报表中可能存在的陷阱。

第二，分析企业所处的行业以及生产经营特点。

企业所处的行业是影响财务报表陷阱的一项重要因素。不同的行业，整体收益水平、生产经营特点、发展趋势也不同。

而企业所处的行业以及生产经营特点直接决定了企业的资产结构、资本结构、收入的确认方式、费用的结构、盈利模式以及现金流量等特征，通过分析比较企业间的财务状况、盈利水平、主营业务盈利能力和盈利波动情况，可以发现其财务报表中是否存在问题。

第三，分析企业所处的行业地位和区位。

分析企业所处的行业地位，即分析企业在行业中是否具有竞争优势，是否属于领导企业，是否具有价格影响力，是否比其他企业具有更强的获利能力。

分析企业所处的区位，就是分析企业是否处于经济快速发展区域，是否具有较高的投资价值，以此来考察企业的发展前景、发展优势和发展后劲。

第四，分析产品竞争优势和市场占有率以及品牌优势。

分析企业产品的竞争优势，即分析企业产品是否具有成本优势、技术优势、质量优势，是否能为企业带来丰厚利润。如果企业产品不具有这些优势，其盈利能力、盈利质量就存在问题。如果发现财务报表中的盈利指标特别突出，那么就存在财务报表造假的嫌疑。

对于企业来说，产品竞争优势越强，市场占有率就越高。而市场占有率越高，企业的经营能力和竞争力越强，企业获得的收益越高。简单来说，通过分析企业的市场占有率，可以了解企业的实力和经营能力。如果发现企业市场占有率不高，但盈利指标比较突出，那么就可能存在财务报表造假的情况。

另外，品牌优势是产品优势、市场优势的延伸。品牌优势越大，企业的业绩、实力和竞争力越强。如果企业的品牌优势不佳，但盈利指标非常突出，利润非常可观，那么财务报表使用者就要注意，确认是否存在财务报表造假的问题。

二、识别财务报表陷阱的前兆

企业的财务危机，都不是一朝一夕形成的。同样的道理，财务报表陷阱也不是在短时间内出现的。只要企业出现财务危机、财务陷阱，就会浮现出种种前兆。那么，如何捕捉到这样的信号呢？

第一，关注企业的内部经营环境。

关注企业会计政策预兆信号，确认应付账款和应收账款规模是否正常、存货周转是否过于缓慢、无形资产规模是否正常、计提的各种准备是否过低、现金股利分配政策是否优质、是否变更会计政策和会计估计等。

关注企业会计内控制度预兆信号，确认企业管理是否存在缺陷、内部控制结构是否健全、组织结构与权责分派体系是否存在缺陷等。

第二，关注企业的外部环境。

关注企业所处行业的基本情况以及竞争情况，确认行业是否亏损或过度竞争、企业股票在市场上的形势是否良好、行业所需资金是否充足、企业是否已经取得巨大的市场份额、企业扩张是否过快、企业产品生产和销售情况是否可持续等。

关注企业的商业经营环境，确认企业是否过度借贷、产品在市场上是否能够持续存活、业绩和股价波动是否过大、企业采用的技术是否先进、企业商业信誉如何等。

三、财务报表分析性复核

只是简单地阅读和分析财务报表，不运用分析技巧、分析工具，很难获得有价值的信息。所以，投资者、债权人和其他财务报表分析者需要对财务报表进行分析性复核，有效地识破财务报表中的陷阱。

第一，账项核对。

账项核对即核对原始单据的真实性、准确性，包括账证核对、账账核对、账表核对。仔细核对证实账册记录的原始凭证是否存在、要素是否完备，证实已发生经济业务的真实性；核对账本是否能清楚地表明所发生的经济业务以及企业资源的来源与去向；核对财务报表数据与总账和明细分类账数据是否相符。

第二，盘点与函证。

盘点与函证即盘点存货单价、存货数量，确认是否存在虚增存货量和调节存货单价的情况。

函证，是函证应收或应付账款，看是否存在虚构应收账款、不列或少列其应付账款，进而少计负债的情况。

第三，内控测试。

内控测试即查看会计的账册凭证，保证会计信息的真实性。

四、关注财务报表附注

想要识别财务报表中的陷阱，就必须关注财务报表附注，结合财务报表附注中主要项目的详细披露材料，将资产负债表、利润表、现金流量表进行比较分析。

具体来说，要关注附注中的基本会计假设、会计政策和会计估计的说明、重要会计政策和会计估计变更的说明、或有事项的说明、资产负债表日后事项的说明、关联方及交易的说明、重要资产转让及出售的说明、企业合并或分立的说明等。

需要注意的是，要重点关注财务报表中重要项目的说明。通过关注报表附注，我们可以进一步理解报表，分析和验证财务报表的编制是否与企业的实际政策相符，并且确定财务报表中是否存在陷阱和风险。

五、透视企业经营问题

想要识别企业的财务报表陷阱，就必须深入地透视企业的经营活动。如果不了解企业的经营活动，那么阅读和分析财务报表就没有意义，更别说识别其中的财务陷阱。

第一，关注企业会计问题与经营问题。

财务分析不只是分析财务报表中的数据，而是透过财务报表中的数据了解企业的资产质量、经营状况、盈利能力以及企业的发展前景与趋势。同样地，财务报表中的问题也不只是财务人员或会计准则的问题，更主要的是企业经营上的问题。

第二，关注财务分析与经营管理能力。

财务分析，不能忽略对管理能力的分析，因为这是企业经营问题的关键。如果只进行财务分析，就会发现一些企业的发展空间有限，但是加入管理能力的分析，就会发现企业的发展潜力非常巨大。所以，在财务报表分析中千万不要忽略对经营管理能力的分析。

第三，关注财务分析与企业分析。

财务分析只是企业分析的一部分，并不是企业分析的全部。而且，财务报表分析具有很大的局限性，企业的发展受到政治、经济、社会等因素的影响，而这些影响并不会表现在财务报表中。所以，我们需要通过财务报表分析企业的经营情况，更需要用企业分析来预估企业的未来。这有利于投资者、债权人对企业未来发展趋势进行预测，进而做出正确的判断与决策。